KB074516

끝을 넘어 시작에서, 시작을 넘어 끝에서
두려워하고 있는 모든 사람들에게
이 책을 바칩니다.

독자를 넘어 작가로서,
세상에 우뚝 서게 될
당신의 모습을 그리며.

– **백작가(이승용)** 드림 –

책, 읽지 말고 써라

초판 1쇄 인쇄 | 2020년 12월 25일
초판 1쇄 발행 | 2021년 1월 20일

지은이 | 백작가(이승용)

만든 사람들
편집주간 최윤호 | **책임편집** 홍민진 | **마케팅총괄** 김미르 | **홍보영업** 백광석
북디자인 [★]규, D&A DESIGN

펴낸 곳
출판사 치읓[치읃] | **출판등록** 2017년 10월 31일(제 000312호)
주소 서울시 강남구 논현동 9-18 4F, 5F | **전화** 02-518-7191 | **팩스** 02-6008-7197
이메일 240people@naver.com | **홈페이지** www.shareyourstory.co.kr

값 16,000원 | **ISBN** 979-11-90067-36-2

이 도서의 국립중앙도서관 출판예정도서목록(CIP)은 서지정보유통지원시스템 홈페이지(http://www.seoji.nl.go.kr)와 국가자료공동목록시스템(http://www.nl.go.kr/kolisnet)에서 이용하실 수 있습니다.(CIP제어번호: CIP2020052344)

책, 읽지 말고 써라

Don't read, Do write

01 왜, 읽으라고는 하면서 쓰라고는 하지 않을까

02 독자에서 작가로

03 작가의 이름으로 살아라

04 책 쓰기의 핵심 기술

05 무조건 써라, 일단 써라

06 끝나다 = 끝에서 새로 나다

07 말, 글, 책

08 당신이 글을 쓰길 바라는 진짜 이유

09 전지적 독자시점

10 대변화가 시작되다

11 책을 마케팅하다

12 삶의 가치를 재정립하다

13 책으로 인생을 바꾸다

머리말

이 책을 펼친 당신이 가지게 될 것들

이 책을 펼친 당신에게 주고 싶은 두 가지가 있습니다.

첫 번째,

이제껏 당신이 가지고 있었던 '책'과 '작가'에 대한 새로운 관념을 주고 싶습니다. 이제까지 알고 있던 '책', 그리고 '작가'에 대한 고정관념과 생각을 깨트릴 때, 본질에 충실한 '책 쓰기'를 할 수 있기 때문입니다.

책은 단순히 인쇄하고 판매하는 제품이 아닙니다. 또한 특별한 사람만이 쓸 수 있는 것도 아닙니다. 작가는 지식을 쌓는 영역과 문학적 영역을 넘어 자신의 가치를 나누는 존재이며, 살아온 인생을 명확하게 바라보고, 솔직하게 인정할 수 있는 용기 있는 존재입니다.

두 번째,

독자를 넘어, 작가라는 이름으로, 존경받는 삶을 살게 하고 싶습니다. 그러기 위해서는 출간만을 목적으로, 사람들에게 인정받기 위한 목적만으로, 돈을 벌기 위한 수단을 앞세워 책 쓰기를 시작해서는 안 됩니다.

책을 쓰고 난 후, 책이 출간되는 것은 당연한 일입니다. 전체 과정 중에 책을 출간한다는 것에 대한 가치는 1%에 지나지 않습니다. 책을 쓰는 99%의 과정에서 내면적 변화가 일어날 때, 정말 좋은 책이 출간될 수 있습니다.

요즘은 조금만 검색해 봐도 자비출판, 1인 출판, 투고 등 출간할 수 있는 방법에 대한 많은 정보를 쉽게 찾을 수 있습니다. 이제 능력 여하를 막론하고, 잘 쓰고 못 쓰고를 넘어서서 책을 출간하고자 마음만 먹는다면 출간 자체는 참 쉬운 세상이 되었습니다. 생텍쥐페리(Antoine Marie Roger De Saint Exupery)의 《어린왕자》에는 이런 문장이 나옵니다.

"정말 중요한 것은 눈에 보이지 않아."

당신이 책을 쓰고자 마음을 먹었다면 출간을 '인쇄'로 인식되는 일은 우선, 없어야 합니다. 그리고 책을 출간하면 무조건 인생이 바뀐다는 환상에서 벗어나야 합니다. 이를 위해서는 눈에 보이지 않는, 정말 중요한 것을 먼저 볼 수 있어야 합니다. 책은, 독자와 작가의 참된 소통입니다. 돈을 벌려는 의도, 내 이익을 앞세우려는 의도가 목적이 되어 책 쓰기를 시작하면 안 됩니다.

생각해보세요. 우리가 독자의 입장에서, 그런 의도가 있는 책을 읽고 있다고 생각하면, 기분이 어떨까요. 돈을 벌지 말라는 것도 아닙니다. 유명해지지 말라는 것도 아닙니다. 다만 돈이 얼마나 소중한 것이고, 나 자신의 이름이 얼마나 빛나는 것인지 알고 있다면, 그것을 내 이익만을 취하는데 앞세우진 않아야 합니다.

독자들과의 공감과 자신의 인생을 가치 있게 전달하는 것에서 벗어나, 스스로 하고 싶은 말만 하고 뽐내고 싶은 것만 뽐내는 자신과, 지인들만 자화자찬하는 책을 쓰고 싶다면, 그렇게 하셔도 됩니다. 각자의 생각과 의견이 있으니까요. 다만, 무언가 내 인생을 바꿀 수 있다는 예감이 드는 일을 시작할 때는, 정작 중요한 것은 눈에 보이지 않는다는 사실을 명심해야 합니다.

당장 눈앞에 그려지는 유형의 이익과 명예를 앞세우기 전에, 지금 당장은 보이지 않으나 책을 쓰는 과정을 통해, 자신을 더욱 완전한 존재로서 성장시키고, 작가인 당신의 책을 읽는 모든 이들에게 꿈과 희망을 주는 메신저로서의 삶을 살아가는 것, 책임 있게 자기 자신을 이끌어 가는 것, 그것이 진정 '좋은 책'이고, 사랑받는 책이라 불릴 수 있습니다.

자신이 쓴 책이 베스트셀러가 되길 진심으로 원한다면 '베스트셀러가 될 책'을 쓰려고 하지 말고, '내 인생의 경험들 속에 숨겨져 있던 가치를 발견하고, 제대로 전달하여 나눌 수 있는 책'을 쓰길 바랍니다.

나는 감히 이 책을 펼친 당신이 행운아라고 말하고 싶습니다. 당신은 분명히 사람을 살리는 책을 집필할 것이기 때문입니다. 그로 인해 진정한 작가의 이름이 부여됨은 물론, 책을 쓰는 과정에서 얻게 되는 용기와 확신, 의식적 성장이, 당신의 인생을 보다 풍요롭고 아름답게 만들 것이기 때문입니다.

작가 본인의 가치를 살리는 책이 독자의 삶을 살리는 책이 됩니다. 작가 스스로에게 자랑스러운 책이 독자의 삶도 자랑스럽게 만듭니다. 베스트셀러, 이를 넘어서 스테디셀러 작가로서 인생의 가치를 쓰게 될 당신을, 진심으로 응원합니다.

자, 시작합니다.

같이, 가치를 씁니다.

당신이 책을 쓰고자 마음을 먹었다면 출간을 '인쇄'로 인식되는 일은 우선, 없어야 합니다. 그리고 책을 출간하면 무조건 인생이 바뀐다는 환상에서 벗어나야 합니다. 이를 위해서는 정말 중요한 것을 먼저 볼 수 있어야 합니다. 책은, 독자와 작가의 참된 소통입니다. 돈을 벌려는 의도, 내 이익을 앞세우려는 의도가 목적이 되어 책 쓰기를 시작하면 안 됩니다.

01

왜, 읽으라고는 하면서 쓰라고는 하지 않을까

책을 쓰기 위해 가장 중요한 것은 글쓰기 실력이 아니다

작가들을 만나고, 상담하고 가르치는 장소의 이름을 '초심(初心)'이라고 지었습니다. 그 곳에는 내가 제일 좋아하는 문구 하나가 적혀있습니다.

"나에게는 엄청난 힘이 숨겨져 있습니다."

이 문구는 책 쓰기의 가장 중요한 시작점입니다. 아무리 책을 쓰고 싶다고 해도 자신이 가진 가치에 대해 평가절하하고 있거나, 자기 비하로 자신을 공격하고 있다면, 책 한 권의 완성은커녕 책 쓰기를 시작하는 것조차 힘이 들기 때문입니다.

책 쓰기를 시작하려면 어떻게 하면 될까요. 작가가 되기 위해서는 어떻게 해야 할까요.

'글쓰기를 잘해야 한다', '국문과나 문예창작과를 나와야 한다', '신춘문예 당선과 같은 경력이 있어야 한다' 혹은 '아주 유명한 사람이거나 학력, 스펙 등이 좋아야 한다' 이런 조건들이 있다면 도움이 될 수는 있겠지요.

하지만 필수 조건은 절대 아닙니다. 도리어 이러한 경력들이 자신의 갑옷이 되어, 진솔하게 드러내고 표현해야 하는 자신의 글에 제동을 거는 경우를 수도 없이 봐왔습니다.

진짜 필요한 것은 '나에게는 엄청난 힘이 숨겨져 있다'라는 인식, 자신이 이제까지 겪어온 인생이 비록 실패로 얼룩져 있다 하더라도 솔직하게 드러내어 책을 쓸 수 있는 용기, 자신이 보기에 아무리 쓰레기 같았던 경험일지라도 그 안에는 빛나는 보석이 숨어 있음을 스스로 발견해내는 것입니다. 그것이 책 쓰기의 시작이며, 작가라는 이름을 가지기 위해서 반드시 필요한 과정입니다.

감정은 드러내야 해소가 되고, 경험은 드러내야 실력이 되며, 실수는 드러내야 교훈이 되고, 생각은 드러내야 현실이 됩니다. 드러낼 수 있는 사람은 자신을 믿을 수 있는 사람이고, 누구보다 용기 있는 사람이며, 회피가 아닌 직면을 선택할 수 있는 과감한 도전자입니다. 나는 글을 잘 쓰는 사람은 이런 사람이라고 생각합니다. 그리고 이런 사람을 진정한 '작가'라고 부르고 싶습니다.

"나에게는 엄청난 힘이
숨겨져 있습니다."

드러내다,
그리고 표현하다

책 쓰기가 무엇이냐 묻는다면, 크게 세 가지로 나누어 설명할 수 있습니다. (이후에 7단계로 좀 더 자세히 설명할 것입니다만, 우선 3가지로 개념을 정리하여 알려드립니다.)

첫째, 드러내기
둘째, 설명하기
셋째, 표현하기입니다.

첫 번째, '드러내기'란 나의 실체와 대면하는 것입니다. 쉽게 말해 내 안의 경험, 생각, 감정, 상처, 성공한 것, 실패한 것, 잘하는 것, 못하는 것 등을 형식에 구애받지 않고 글(TEXT)로 구현하는 것입니다. 나의 모든 것들이 내 눈앞에 글로 펼쳐질 때 비로소 진정한 나와 마주하게 됩니다.

두 번째, '설명하기'란 드러내기로 꺼내어진 자신만의 경험 등을 알기 쉽게 나열하여 설명하는 것입니다. 예를 들어 '아침에 일찍 일어날 수 있는 방법', '직장 상사와 잘 어울리는 비법', '가보지 않아도 맛있는 식당을 찾을 수 있는 방법' 등 자신에게는 사소해 보일 수 있는 것들이 글로 꺼내어져 설명될 때, 자신의 책을 읽는 많은 독자에게 커다란 노하우가 됩니다. 하나라도 더 자세히 설명해주는 마음으로 적어보기 바랍니다.

당연함이 되어버린 무의식 상태의 실행 매뉴얼을 의식적으로 꺼내는 것만으로도, 스스로에게는 숨겨진 노하우를 발견하는 힘이 되고, 독자에게는 탄탄한 정보를 기반으로 작가를 신뢰하게 되는 강력한 무기가 됩니다.

만약 당신이 퍼스널 브랜딩에 대한 사업 프로세스를 생각하고 있다면, '설명하기'에 대한 인식과 연습을 누구보다 열심히 해야 합니다. 설명된 노하우 자체가 자신만의 고유 프로그램이 되고, 퍼스널 브랜딩의 기반이 되기 때문입니다. 마치 지금 '설명하기'의 부분을 '설명하는' 것처럼 말입니다.

나는 '드러내기'와 '설명하기'를 '프리라이팅(FREE/PRE WRITING)'이라고 부릅니다. 나와 책을 쓰는 모든 사람들은, 가장 먼저 프리라이팅을 실행합니다. 당장 글을 쓰고 싶어도, 재료가 준비되지 않고는 쓸 수 없습니다. 쓴다고 해도, 결국 남의 이야기나 옮겨 적는 수준에서 글을 쓰게, 아니 엮게 됩니다.

프리라이팅이란 자유롭게(FREE), 책을 쓰기 전에(PRE) 행하는 글쓰기를 말합니다. 이 글쓰기를 실행하게 되면, 앞서 말한 드러내기와 설명하기를 통해, 자신 안에 있는 생각과 의견, 무의식에 산재하여 있는 경험적 가치들과 상처들을 모두 꺼내게 됩니다. 이것이 바로 신선한 재료가 되어 쉐프(작가)의 훌륭한 재료(사례)가 되는 것입니다.

세 번째, '표현하기'란 이제까지 프리라이팅을 통해 드러내고 설명한 TEXT 들을 책으로 옮기는 작업입니다. "초고는 걸레다."라는 말이 있습니다. 하물며 프리라이팅은 더더욱 글의 형식이나 배열, 주제의 통일성이 없는 글일 가능성이 큽니다. 그냥 '재료'이기 때문입니다. 이제 그 재료를 잘 활용하여 레시피대로 맛있는 음식을 만들 차례입니다. 그것이 바로 책입니다.

아무에게도 보여주지 않는, 혼자 쓰는 글들이 드러내기와 설명하기의 영역이라면, '책'은 불특정 다수인 독자에게 표현하는 글입니다. 따라서 그만큼의 용기와 도전 정신 또한 필요합니다. 용기와 도전 정신으로 인한 내 안의 가치를 확신하는 믿음을 기반으로

해야 하는 책 쓰기, 이것이 바로 '표현하기' 입니다.

위 세 가지의 근간에는 두 가지 마음이 반드시 필요합니다. 자신의 이름 앞에 '작가'를 붙인 선언문을 통해, 집필할 때 초심이 흐려지거나, 자신감이 떨어질 때마다 읽어보세요.

"나, 작가 000는 내 책을 읽는 독자들을 위해"

덜! : "덜 실수할 수 있도록, 덜 상처받도록, 덜 고생하고 나아갈 수 있도록"

더! : "더 쉽게, 더 자세히, 더 많이 알려주겠습니다."

공간(空間)의 강력한 힘

나는 공간을 매우 중요하게 생각합니다. 공간에는 기운이 담겨 있다고 믿기 때문입니다. 공간을 한자로 풀이해보면 빌 공(空), 사이 간(間), 무엇과 무엇 사이에 있는 '0', 즉 비어있는 상태를 말합니다. **비어있는 '상태'가 비어있는 '곳'이 되면, 그것이 공간**이 됩니다. 그렇기 때문에 공간을 가진 여러분은 그 공간에 무엇이든 채워 넣을 수 있다는 의미가 됩니다.

평소 좋아하는 작가였던, 《운을 만드는 집》 신기율 작가를 '책인사'에 초대한 적이 있었습니다. 때문에 함께 이야기를 나눌 좋은 기회가 있었습니다. 직접 만나보니, 철학, 종교, 과학, 주역 등 다양한 분야에서 박식한 지식과 직관을 보이는 범상치 않은 분이었습니다.

《운을 만드는 집》을 읽어보면 알 수 있겠지만, 자신의 공간을 어떻게 관리하고 선정해야 하는지에 대해, 사람들에게 많은 도움을 주는 따뜻한 사람이었습니다. 그런 그를 마주하고 함께 이야기를 나누다 보니, 그와 나라는 인간(人間)의 공간(空間)이 아늑함과 신묘함으로 가득 참을 느낄 수 있었습니다. 그가 처음 꺼냈던 말이 기억이 납니다.

"작가님은 이 공간을 무척 사랑하시는군요."

기뻤습니다. 대부분의 사람들은 쉽사리 보이지 않았을 동선의 경로, 가구 배치의 형태, 조명의 밝기, 오가는 길에서 보이는 문구 하나하나까지 짚어주며, 이 공간을 진심으로 사랑하는 사람이 아니면, 절대 할 수 없는 공간배치라고 나를 칭찬해 주었습니다. 공간을 보는 것만으로, 사람에 대한 마음을 읽는 그를 보며 참으로 신기하고 감사했던 기억이 납니다.

내가 있는 공간에서, 많은 사람들이 그 누구와도 나누지 못했던 이야기를 나와 나눴고, 그로 인해 인생이 바뀌고, 조금이라도 달라진 삶을 살아가는 참 작가들이 생겨났습니다. 지금도 많은 사람들이 이 공간에서 나와 깊은 생각을 나누고, 글을 쓰고 있습니다.

여전히 나는 내가 머무는 이 공간을 사랑하고, 아끼고 있습니다. 나의 기운이, 공간의 기운으로, 비어있는 사이를 가득 채운다고 믿고 있기 때문입니다. 기운이란 단순히 예쁜 인테리어만을 말하는 것이 아닙니다. 신기율 작가가 말했듯이 **'그 공간을 얼마나 사랑하고 있는가'**에 대한 것입니다.

당신은 이제 책을 쓰기 시작하였습니다. 그 전에 하나 당부를 드리겠습니다. 적어도 글을 쓰는 공간을 아무 곳이나 설정하지 마세요. 특히 침대에 앉아서 쓰지 마세요. '그냥 아무 곳에서 책을 쓰면 되지'와 같은 생각은 버리고 자신만의 '작가의 공간'을 만들어 보세요. 아주 훌륭한 서재가 갖춰져야 한다는 생각도 버리세요. 기분을 내겠다고 꼭 값비싼 음식점, 카페나 호텔 로비에서 글을 쓰지 않아도 됩니다.

물론 장소와 상관없이 화장실이든 지하철, 언제 어디서든 메모를 하고 글을 쓰는 습관도 반드시 필요합니다. 다만 이제는 메모를 넘어, 책을 쓰기 위한 글쓰기에 들어가야 합니다. '표현하기' 단계의 책을 쓰기 위해서는 자신만의 공간에서, 스마트폰이나, 노트북을 펼친 후 책을 쓸 수 있는 기운을 만들어가야 합니다. 오로지 책을 쓰기 위한 공간, 그 기운이 서려 있는 공간, 굳이 한 곳을 정해둘 필요는 없습니다만, 당신의 인생의 가치를 빛나게 할 책을 쓰는 공간만큼은 정성들여 마련하길 바랍니다. (아주 작고 볼품없어도 괜찮습니다. 돈 들일 생각부터 하는 것이 아닌, 당신이 가장 편안할 수 있는 공간을 마련해보세요.)

책 쓰기는 완벽한 사업이다

책을 쓰기로 결심했다는 것은, 나의 이름을 알리고 나의 가치를 알리기로 결심한 것과 같습니다. 그래서 책을 쓰는 과정은 사업과 같습니다. 주변에 사업적으로 성공한 분들을 만나다 보면, 단순히 영리적 목적을 취하는 생각으로 덤벼들었다가는 큰 오산이라는 것을 알게 됩니다. 사업은 사람의 이익과 필요함을 채워주는 행위이며, 즐거움과 편리성을 제공하는 행위입니다. 공간 선정을 강조하는 이유도, 그 공간이 바로 당신의 이름으로 된 회사의 사무실을 만드는 것이기 때문입니다. 책이라는 제품이 자신의 열정과 진정성, 끈기와 확신으로 탄생할 때, 당신의 이름으로 된 '책 한 권'이라는 제품은 사업적으로 크게 성공하게 될 것입니다.

나는 책 쓰기라는 과정을 통해 인생을 바꿨고, 나와 함께 책을 쓰는 많은 사람들이 책 쓰기를 통해 인생을 바꾸었고, 바꾸고 있습니다. '책' 자체로 인생을 바꿀 수 있다는 것은 반은 맞고 반은 틀린 말입니다. 책이 아닌 '책을 쓰는 과정'을 통해 인생을 바꿀 수 있습니다. 책을 출간하기만 하면 성공한다는 달콤한 유혹은 책을 쓰는 과정에서 당신의 두 눈을 가려버리게 됩니다.

돈만 있으면 쉽게 출간을 할 수 있는 시대가 되었고, 단순히 출간에 목적을 두고, 책이 인쇄물의 개념으로 생각되게 되었음은 물론, 성공과 부를 거머쥘 수 있는 요술램프 같은 존재가 되어버리기도 했습니다. 비용을 감수한다면 대필도 할 수가 있고, 자비출판으로도 책을 낼 수도 있는 시대가 되었습니다.

만약 당신이 마케팅, 사업적인 목적성, 브랜드 적인 목적성을 가지고 책 출간을 계획하고 있다 가정해봅시다. 하지만 글솜씨가 없다는 핑계로, 시간이 없다는 핑계로 빨리 책을 내는 데 급급하여 자신의 경험담이나 성공과 실패에 대한 솔직한 고백은 뒤로 한 채, 좋은 명언들을 수집하고, 성공한 인물들의 성공담 등을 가지고 책을 완성했다고 가정해봅시다. 물론 그 책은 읽기 좋은 구절들로 가득하고, 독자들의 구미에 당길 수도 있습니다. 하지만 책으로 사업이 잘되길 바라고, 자신의 네임 브랜딩이 되길 바란 당신에게 이 책의 방향성은 완벽하게 틀렸습니다. 왜일까요.

다시 말하지만, 책은 제품의 속성만을 가지고 있는 단순한 존재가 아닙니다. 제품을 넘어 '인문학적 힘'을 가지고 있는 에너지 결정체입니다. 그럼에도 불구하고 여전히 책 쓰기를 단순한 글쓰기 혹은 성공의 도구로 여기며, 그저 '인쇄'를 해주는 출판사 및 학원들도 생겨나고 있습니다.

'책'과 '작가'라는 속성의 환상 가치를 부여하여, 무조건 빨리, 많이 쓰는 것이 맞는 것이고, 책을 쓰면 많은 돈과 유명세를 취할 수 있다고 하는 것이 반드시 정답일까요. 각자의 목적에 따라 달라질 수 있는 의견이지만, 내가 생각하는 '책 쓰기'란, 이제껏 가졌던 환상과 신비적인 생각과 허상을 내려놓을 수 있을 때 정말 좋은 책, 영향력 있는 책을 출간할 수 있다고 확신합니다.

책이 출간되면 당신은 작가가 됩니다. 싫든 좋은 여러분이 작가가 되는 사실은 피할 수 없습니다. 무엇보다 사람들은, 책을 출간한 당신을 '작가'라고 부르게 됩니다. 그렇게 작가로서 생각지도 못했던 많은 파이프라인이 생겨납니다. 진심을 다해 쓴 책을 썼다면, 강연, 칼럼, 컨설팅, 인터뷰, 방송 출연 등이 실제로 일어나게 됩니다. 그렇게 당신은 '작가의 이름'으로 독자들과 호흡 하게 됩니다.

때문에, 책을 쓰는 과정이 정말로 중요한 것입니다. **책을 단순히 하나의 제품으로 생각한다면 당신은 작가로서의 준비를 아무것도 할 수 없습니다.** 한 회사에서 하나의 제품을 만들어내기까지 리더인

대표의 역량이 얼마나 중요한지 알고 있다면, 내가 왜 책 쓰기를 '사업'이라고 부르는지 알 수 있을 것입니다. 사업이란, 단순히 돈을 벌고 제품을 판매하는데 급급해 하는 것이 아닙니다. 창업자의 신념과 영감, 열정과 도전 정신을 파는 사람입니다. '애플'이라는 마치, 종교와 같은 브랜드를 만든 스티브 잡스처럼 말입니다.

책'과 '작가'라는 속성의 환상 가치를 부여하여, 무조건 빨리, 많이 쓰는 것이 맞는 것이고, 책을 쓰면 많은 돈과 유명세를 취할 수 있다고 하는 것이 반드시 정답일까요. 각자의 목적에 따라 달라질 수 있는 의견이지만, 내가 생각하는 '책 쓰기'라는, 이제껏 가졌던 환상과 신비적인 생각과 허상을 내려놓을 수 있을 때 정말 좋은 책, 영향력 있는 책을 출간할 수 있다고 확신합니다.

작가(作家)
: 집을 짓는 사람

나는 책 쓰기를 시작한 모든 사람에게 '작가'라는 칭호를 붙입니다. 이는 단순한 이벤트적 행위가 아닌, '작가'라는 이름은 실제로 '책을 쓰기로 마음을 먹은 순간'부터 부여받아야 하는 이름이기 때문입니다. 사업을 시작하는 사람들이 사업자 등록증을 먼저 발급받아야만 사업을 시작할 수 있는 것과 같은 이치입니다.

작가라는 이름을 먼저 가슴에 아로새기고, "그래, 나는 작가다." 라는 다짐을 기반으로 글을 쓰기 시작해야 합니다. 그래야만 책을 쓰는 과정에서 작가라는 이름으로 배워나갈 인격과 품격, 인품과 지식, 용기와 끈기 등을 선물로 받을 수 있습니다.

그렇게 출간된 책은, 당신이 굳이 좋은 명언과 성공자들의 이야기들을 내세우지 않아도, 독자들과 당신을 단단히 연결해 줍니다.

이것이 작가이고, 독자를 위한 책입니다. 당신은 그런 책을 써야 하고, 분명히 쓰게 됩니다.

작가(作家)란, 한자 뜻 그대로 집을 짓는 사람입니다. 저서《하루 1시간, 책 쓰기의 힘》에서도 강조했던 내용이기도 합니다. '작가'가 된 당신을 위해서 이 의미가 얼마나 중요하며 소중한 지 백 번, 천 번을 강조해도 넘침이 없습니다.

당신이 사는 집을 짓는다고 가정해 봅시다. 집은 그만큼 아늑한 곳이어야 하며, 내가 휴식하고 자유로울 수 있는 공간이어야 합니다. 앞서 말했던 '공간'의 의미를 기억하고 있을 것입니다. 당신의 공간은 당신이 채워가는 것입니다. 그리고 당신은 이미 이 공간을 짓기 위해 대단한 인생의 여정을 살아왔습니다.

설사 당신 스스로가 대단하지 여기지 않는다고 해도, 당신이 거쳐온 인생은 실로 위대함이었습니다. 글쓰기를 배우고, 스펙을 더 쌓고, 자격증을 더 따는 것은 당신이 이 집을 짓는 데에는 그 어떠한 필요조건이 되지 못합니다. **당신이 살아온 인생 자체가 이미 훌륭한 집, 공간, 즉 책을 만들 준비가 된 재료이기 때문입니다.**

이제 당신은 돈을 버는 자가 아닌 돈을 사용하는 자가 되고, 부를 갈망하는 자가 아닌 끌어당기는 자로 살아가야 합니다. 권력을 탐하는 자가 아닌 사람들에게 인정받고 존경받는 사람으로 살아가야 합니다. 그렇게, 당신이 하고 싶은 것들을 마음껏 펼칠 수 있고, 공공의 이익을 실천하며 선한 영향력을 펼치는 주체가 될 것입니다. 또한, 그럼에도 자만하지 않고 과거의 실수를 솔직히 고백하고, 지금 이 순간 나의 행동에 책임을 지는 단단한 사람이 될 것입니다. 이 모든 것이 '책이라는 집'을 정성껏 지으면서 만들어지는 하늘의 선물입니다. 이토록 축복받은 인생의 시작을 주는 이름이 바로 '작가'입니다.

02

독자에서
작가로

내가 과연 책을 쓸 수 있을까?

내게 찾아오는 분들이 가장 많이 질문하는 것 중 순위를 매기자면, 1위는 '내가 과연 책을 쓸 수 있을까요?'이고, 2위는 '제가 뭘 쓸 수 있을까요?'입니다. 나는 느껴지고 보이는 사실 그대로를 알려드립니다. "당신은 책을 쓸 수 있다. 그리고 당신의 콘셉트는 이러이러한 것이 좋겠다."라고 말이죠. 질문하신 분은 꼭 다시 이렇게 대답을 합니다. "정말 맞네요. 말씀해주신 것에 동의합니다. 크게 공감하고요. 하지만…. 막상 '내가 이렇게 대단한 책을 쓸 자격이 될까?'라는 생각이 듭니다. 저는 재능도 없고, 실력도 없거든요."

내가 할 수 있는 말은 하나밖에 없습니다. "저는 00 님에게 듣기 좋은 말을 해드릴 생각도, 위로해드릴 생각도 없습니다. 그저 할 수 있는 만큼의 선을 제시해 드렸습니다. 당신은 그럴 자격이 충분한 인생을 살았습니다."라고 말입니다. 이 책을 읽고 있는 당신 또한 같은 생각을 품고 있었다면, 이것 하나만 기억하시면 됩니다.

'누구나 책을 쓸 수 있다. 하지만 아무나 책을 쓸 용기를 낼 수는 없다. 당신은 무엇을 선택할 것인가?'

여전히 핑계를 대고 있을 것인지, '에라 모르겠다' 심정으로 우선 시작할 것인지, 그것은 온전히 당신의 몫입니다. 나도 똑같았습니다. 책은 아무나 쓸 수 없는 것이라고 생각했습니다. 무엇보다 내가 쓸 수 있는 것은 없다고 생각했습니다.

그 생각 자체가 책에 관한 생각을 넘어, 나 자신에 대한 평가절하와 인식의 부재라는 것을 전혀 모르고 있었습니다. 그렇게 책을 쓰면서 '나'를 찾았고, 책을 쓰고 난 이전과 이후의 삶은 완전히 달라졌습니다.

누구나 재능이 있습니다. 누구나 가치가 있습니다. 단지 삶에 지치고, 지나치게 남을 위하고, '우리' 안에서 살아가다 보니 나 자신이 발견되지도, 발현되지도 못했을 뿐입니다. 어떻게 하면 나의 재능을 꺼낼 수 있을까? 어떻게 하면 나 스스로에게 확신을 가질 수 있을까? 이 질문에 대한 답은 당신이 책을 쓰면서 알게 될 것입니다.

나의 경험과 생각, 의견이 글로 실려질 때 나는 온전히 나 자신을 보게 됩니다. 직면하게 됩니다. 그래서 책 쓰기의 글쓰기는 그 무엇보다 솔직해야 합니다. 도리어 일기장보다 말이죠. **모든 변화는 드러냄으로부터 시작하고, 그 드러냄의 시작은 실수와 실패, 약점과 상처의 고백으로부터 시작해야 합니다.** 그 많은 종교가 비워냄, 고해성사 등의 틀 안에서 자신의 삶을 먼저 고백하게 하는 이유입니다. 그래야 변화가 시작되고, 의식이 성장하며, 삶을 바라보는 시선이 달라집니다.

당신은 책 쓰기를 통해 생각과 마음에만 쌓여있던 과거의 상처와 실패했던 이유, 그리고 크고 작음을 넘어 자신이 성공했던 이유를 글로 직면하게 됩니다. 상처의 고백을 통해 트라우마가 치유되고, 실수와 실패의 반성을 통해 반복되었던 어둠의 굴레에서 벗어나게 됩니다.

성공의 드러냄과 노하우를 설명함을 통해 자신의 인생 속에 숨겨져 있던 위대한 힘을 발견하게 됩니다. 그로 인해 자신을 더욱 믿게 되고, 진정으로 자신을 사랑하는 방법을 깨달으며, 그로 인해 다른 사람을 사랑하는 넘치는 여유와 힘을 가지게 됩니다.

'아, 이것이 나의 재능이구나', '이것이 내가 세상에 태어난 이유구나'라는 사실을 알게 되면서, 당신의 삶은 완전히 달라집니다. 이것이 진정한 책 쓰기의 힘입니다. 다시 한번 강조하지만 책을 출간한다고 해서 갑자기 인생이 달라지지 않습니다. 환상에서 벗어나세요. 책을 쓰면서 자신의 인생에 솔직할 수 있을 때, 직면할 수 있을 때, 비로소 자유와 여유가 찾아옵니다. 그렇게 출간된 책이, 독자들에게 진정한 사랑을 받는 책이 되는 것은 자명한 사실입니다.

읽지 말고
써라

며칠 동안 밥을 못 먹은 사람처럼, 미친 듯이 독서를 할 때가 있었습니다. 지금도 자주 독서를 하곤 하지만 이전만큼 독서를 하진 않습니다. 도리어 글을 쓰는 시간이 더욱 많아졌습니다. 퇴직을 하고 작가가 되기로 결심하면서, 자기계발서, 인문학 도서, 경제경영서, 영성서 등을 닥치는 대로 읽었습니다. 책 속에는 내가 알지 못했던 새로운 세상이 있었고, 삶이 신비롭게까지 느껴졌습니다.

주변의 많은 사람들에게도 책의 영특한 효과를 알리며, 내가 읽었던 책들을 함께 읽고, 책을 읽고 난 후의 신비로운 깨달음을 나누었습니다. 하지만 어느 순간 나와 그들이 책 속에서 빠져나오지 못하고 있음을 알게 되었습니다.

참으로 아이러니하게도, 책을 읽으면 읽을수록, 내가 꼭 책 속의 경험을 이미 한 것과 같은 느낌이 들었습니다. 그 느낌에 취해서 그런 사람이 된 것 같은 착각을 하고 있었습니다. 상상이 아닌 망상이 나를 지배하게 된 것입니다.

저자의 경험이 나의 실제적 경험으로 이어지는 것이 아닌, 저자의 깨달음을 나의 '머리'속에 저장 시켜 나의 '경험'이라고 착각해 버리는 일이 생겨나고, 그 착각은 자만과 허세로 나를 이끌고 갔었습니다. 예를 들어 '성공'에 관련된 책을 읽었다고 할 때, 그 성공을 위한 소소한 행동들은 게을리 하면서, 이 책에서 읽은 '내용'을 주변 사람들에게 그대로 전파하며 얻는 인정과 칭찬에 취하게 된 것입니다.

착각은 카타르시스가 되고, 그 카타르시스는 또 다른 '문장'을 수집하는 위험한 경험을 하게 합니다. 나는 많은 사람이 독서를 통해 '착각' 속에 빠지는 것을 보았습니다. 행동이 아닌 생각으로, 의식이 아닌 말로 나아가는 삶을 살아가면서도, 무엇이 잘못되었는지 모르는 가장 위험한 상태에 빠지게 됩니다.

그래서 나는 예비 작가들에게 책을 읽고 서평 할 때 절대 '서평(書評 : 글을 평가하다)' 즉, 책을 평가하지 말라고 말합니다. 독서는 자신의 행동을 유발하고, 의지에 제동을 걸어주며, 나아갈 방향을 설정해주는 것만으로 충분합니다. 절대 머리로 받아들여서는 안 됩니다. 그럴 거면 차라리 읽지 않는 것이 더욱 낫습니다.

이러한 '착각의 독서'의 늪에 빠지지 않기 위해서는 반드시 독서를 넘어 글쓰기가 후행되어야 합니다. 독서를 통해 떠오른 자신의 경험, 정보, 생각과 의견 등을 아주 솔직하게 적어야 합니다. 독서는 딱 이 정도의 이유만 가지고 있어도 충분합니다. 결국 책을 쓰기 위한 글쓰기를 통해 당신은 진정한 성장과 깨달음을 얻게 됩니다. 천 권의 책을 읽어도, 진정성 있는 한 권의 책을 쓴 작가를 좇아오지 못하는 법입니다.

'착각의 독서'의 늪에 빠지지 않기 위해서는 반드시 독서를 넘어 글쓰기가 후행되어야 합니다. 독서를 통해 떠오른 자신의 경험, 정보, 생각과 의견 등을 아주 솔직하게 적어야 합니다. 독서는 딱 이 정도의 이유만 가지고 있어도 충분합니다. 결국 책을 쓰기 위한 글쓰기를 통해 당신은 진정한 성장과 깨달음을 얻게 됩니다. 천 권의 책을 읽어도, 진정성 있는 한 권의 책을 쓴 작가를 좇아오지 못하는 법입니다.

독서의 위험성을 감지하라

앞서 말한 것이, 이 책의 제목을《책, 읽지 말고 써라》라고 정한 이유입니다. 당연히 책을 아예 읽지 말라는 뜻이 아닙니다. 제대로 된 방법으로 읽고, 글을 쓰는 후행 작업이 반드시 필요하다고 강조한 것입니다.

독서의 중요성은 굳이 언급하지 않아도 누구나 충분히 인지하고 있습니다. 다만 책을 통해 간접 경험을 할 수 있으며, 경험으로 미처 얻지 못하는 지식을 얻을 수 있고, 인문학적 깨달음을 광범위하게 얻을 수 있다고 해서, 온전히 내 것이 되지는 못한다는 것을 반드시 인지해야 합니다.

내 것이 되었다는 착각은 자신을 '그런 척'하는 사람으로 가면을 씌울 수 있기 때문입니다. 당장은 달콤할 수 있으나, 달콤한 것에 최후는 항상 고통스럽습니다. 독서로 인한 영감을 통해 자신만의 글을 써 내려가면서, 이제껏 쌓아온 경험과 지식, 정보의 가치를 구현해 나가야 합니다.

1천 권 독서, 1만 권 독서, 1년에 몇백 권을 읽었다는 책들이 우후죽순처럼 쏟아지고 있습니다. 너도 나도 책을 많이 읽는 것이 지식의 척도인 양 자랑하는 책들이 무분별하게 나오고 있습니다. 물론, 책을 많이 읽었다는 것은 아무나 할 수 없는 대단한 일임이 분명합니다.

하지만 책을 많이 읽기만 하면 인생이 바뀌고, 의식이 확장될 것이라 생각하는 것에는 분명한 오류가 있습니다. 다독을 하는 것도 중요하지만, 얼마나 깊이 읽느냐가 더 중요하고, 책을 깊이 읽는 것도 중요하지만, 책 속의 단 한 문장이라도 실천하는 것이 가장 중요합니다. 그리고 그 실천은 결국 자신의 경험을 나누는 '책쓰기'로 이어집니다. 어쩌면 독서법에 대한 책을 쓴 작가들도 독서를 넘어 책을 썼기에 성공할 수 있었음은 부인할 수 없는 사실입니다.

책을 읽을 때 가장 위험한 것은 결핍과 불안정한 상태에서 읽는 것입니다. 내가 무엇을 좋아하는지, 무엇을 원하는지, 성공에 대한 어떤 기준을 가지고 있는지, 행복에 대한 기준은 무엇인지 알지 못한 채, 다른 사람의 선택과 기호가 진리인 양 자신을 맞추려고 합니다.

하지만 이런 방법으로 자신의 기준을 찾게 되는 경우는 거의 없습니다. 대부분 시간을 허비하고, 왜곡된 시각과 관념을 갖게 될 뿐입니다.

나 또한 오랫동안 그러했던 경험이 있습니다. 더 많은 돈을 벌기 위해서, 더 높은 곳을 가기 위한 목적으로 '자기계발'이라는 프레임에 들어가 있었을 때, 나보다 돈이 많고, 성공한 것처럼 보이는 사람들이 추천해주는 책을 그대로 읽고 흡수하려 노력했었습니다.

정확한 성공의 기준과 나라는 사람의 중심이 세워져 있지도 못했던 나는 책의 문장에 '세뇌' 되어버렸고, 그 문장 문장이 나의 갑옷과 방패와 화려한 왕관을 만들어 주었을 때가 있었습니다. 하지만 그때의 나는 항상 불안했습니다. 하루빨리 돈이 많은 사람, 외향적인 사람, 인정받는 사람이 되어야 한다는 압박감에 둘러싸여 있었습니다.

만약 내가 책을 쓰지 않았다면 어떻게 되었을까요. 나는 위와 같은 상태에서 아주 오랫동안, 어쩌면 평생 벗어나지 못했을지도 모릅니다. 나 스스로 운명을 개척하고 있고, 나 스스로 인생의 갈림길을 선택할 수 있으며, 나 스스로에게 지금과 같은 믿음과 확신을 갖기는 어려웠을 것입니다.

다시 한번 강조하지만, 책을 맹목적으로 읽고, 흡수해서는 안 됩니다. 책을 통해 진정한 나를 들여다볼 수 있어야 합니다. 그리고 나를 들여다보는 가장 궁극적 행위는, 오로지 책을 쓰는 행위뿐이라는 것을 인지해야 합니다. 당신은 이제 작가로서, 작가만이 할 수 있는 새로운 독서를 시작해야 합니다.

작가의 독서법은 따로 있다

작가 수업을 진행하는 예비 작가들이 무분별하게 책을 읽고 흡수하지 않길 바라는 마음에, 나름대로 신중하게 선정한 책들을 읽으라고 추천합니다. 하지만 추천하는 책들 역시, 내가 읽고 선정한 주관적인 책들이기에, 나는 작가들에게 다음과 같은 미션을 줍니다.

첫 번째, 흡수하기

이 책을 평가하려 들지 말고, 이 책에서 단 한 문장이라도 공감 가는 부분이 있다면 그 문장에 줄을 치고, 그 문장으로 인해 떠오른 자신의 생각과 의견, 경험 등을 적는다. 그 외 조금이라도 마음에 와닿지 않거나, 공감 가지 않는 부분은 과감히 넘긴다.

두 번째, 사례 찾기

자신의 책에 필요한 사례, 즉 글감을 수집한다. 책의 흥미 여부와 상관없이 마음에 드는 사례가 있으면 그 사례만 재료로 추출한다. 사례란 크게 3가지로 구성된다. 1. 자신의 경험 2. 인용 문구 3. 각색할 이야기. 자신의 경험은 '프리라이팅'을 통해 글감이 될 것이고, 인용과 각색을 할 문장이나 문단들은 책 속에서 찾는 것이 가장 확실하고 빠른 방법이다.

세 번째, 분석하기

해당 책의 저자가 사용한 서론의 패턴, 결론의 패턴, 제목과 목차 등 전체적인 장의 흐름과 해당 꼭지의 형식의 장단점을 충분히 분석하여, 자신의 책에 대입시킨다.

나는 위 세 가지 방법을 '작가의 독서법'이라고 부릅니다. 작가는 단순한 읽기의 방법을 넘어서서 쓰기 위한 독서법을 익혀야 합니다. 독자와는 다른 독서의 방법을 선택해야 합니다. 이 방법을 체화시킨다면, 우선 기존 틀에 박혀있던 독서의 부담에서 벗어나게 됩니다. 책을 쓰기 위한 독서가 병행되다 보니, 책의 새로운 면을 발견하게 됩니다. 자연스럽게 독서에 흥미를 느끼고, 주도적으로 책을 선택하는 자신을 보게 됩니다. 가장 책을 많이 읽는 직업이 '작가'인 이유일 것입니다.

다양한 책들을 작가의 독서법을 통해 체득하다보면, 자신의 호불호와 기준, 한계, 신념 등을 글로 확인하게 됩니다. 고집이나 아집이 아닌 올바른 자신만의 주관과 확신이 생기게 됩니다. 잘못된 정보나 지극히 주관적인 저자의 의견에 크게 흔들리지 않게 되고, 자신의 부족한 부분이나 실패한 경험을 인지하고, 그것을 글로 솔직하게 풀어내면서 자신에게 직면한 문제가 무엇인지 정확히 인지하게 됩니다.

뿐만 아니라 자신의 강점과 장점, 평가절하하며 지나간 일상의 성공을 눈으로 확인하고, 글로 쓰게 됩니다. 그렇게 작가만이 가질 수 있는 판단력과 흡수력, 소신과 중심, 그리고 많은 것을 허용할 수 있는 커다란 마음의 그릇을 가지게 됩니다. 이보다 좋은 독서법이 또 있을까요.

이 방법을 체화시킨다면, 우선 기존 틀에 박혀있던 독서의 부담에서 벗어나게 됩니다. 책을 쓰기 위한 독서가 병행되다 보니, 책의 새로운 면을 발견하게 됩니다. 자연스럽게 독서에 흥미를 느끼고, 주도적으로 책을 선택하는 자신을 보게 됩니다. 가장 책을 많이 읽는 직업이 '작가'인 이유일 것입니다.

03

작가의 이름으로 살아라

바라보지 말고,
선택하라

우리는 모두 자신만의 인생 스토리를 가지고 있습니다. 어떻게든 살아왔기 때문입니다. 이겨냈고, 견뎌냈고, 참아왔고, 흘러왔습니다. 매일 똑같은 일상의 반복이라고 느껴질지라도 그 안에서 수많은 생각과 정보, 깨달음들이 오갔습니다. 그저 지루한 일상의 반복이라고 느꼈거나 느끼고 있을 수 있습니다. 하지만 '일상(日常)' 그 자체가 가지는 가치를 알기에 우리는 다른 곳에 너무 많은 시선과 의식이 빼앗겨서 살아왔습니다.

어떤 분이 내게 이런 이야기를 하셨습니다. "저는 한평생 이뤄놓은 것이 없습니다." 네, 이뤄놓은 것이 없다고 생각할 수도 아니, 누가 보아도 이뤄놓은 것이 없다고 보일 수도 있겠지요. 하지만 스스로의 삶에서 '이뤄놓은 것'에 대한 기준이 무엇인지 잘 살펴봐야 합니다.

어떤 사람은 1년 차 회사 경력만으로 신입 사원들이 알면 좋을 직장 내 노하우를 담아 글로 쓰기 시작합니다. 어떤 사람은 10년, 20년 차가 되어도 '나는 아직 멀었어.'라는 생각에 빠져 글을 쓸 엄두조차 내지 못합니다. 어떤 사람은 '나는 아직 나이가 너무 어려.'라며 책 쓰기 자체를 포기할 핑곗거리를 만들어 냅니다. 벌써 5권의 책을 쓰고, 출판사 대표로서 새로운 인생을 시작한 《위태한 유산》의 제준 작가는 이미 18세에 《당신의 꿈은 안녕하신가요?》를 출간하였음에도 말이죠.

제준 작가는 기존 교육의 틀에서 벗어나 자신이 진정 원하는 것을 찾고자 했습니다. 깊은 고민 끝에 고등학교를 자퇴하고, 수많은 강의와 책, 사람들과 만남을 통해 자신의 정체성을 찾기 시작했습니다. 그를 처음 만났을 때 나는 그에게 "제준 작가님의 꿈은 무엇인가요?"라고 물었습니다. 당시에 그가 잠시 머뭇거리다가 했던 말이 아직도 뇌리에 깊이 박혀있습니다.

"세상을 바꾸고 싶습니다."

혹자들은 제준 작가를 두고 이런 말을 합니다. 그가 범상치 않은 사람이라서 이렇게 책을 쓸 수 있었던 것이 아니냐, 원래부터 똑똑한 사람인 것이 아니냐고 말이죠. 제준 작가가 나를 찾아왔을 때 그는 공황장애를 겪고 있었습니다.

'자퇴생'이라는 사람들의 시선, 그로부터 이겨내야 한다는 압박감, 잘해야 한다는 부담감 때문에 그는 책을 쓸 여유는커녕 숨을 쉴 여유조차 없어 보였습니다. 하지만 그는 어떤 상황에서도 책 쓰기를 멈추지 않았고, 이 과정을 통해 공황장애 때문에 먹던 약을 끊을 정도로 상태가 호전됨은 물론, 단 한 달 만에 초고를 완성하는 기력을 보여주었습니다. 그뿐만 아니라, 그의 첫 개인 저서 표지에 자신의 얼굴을 당당히 드러내며 그의 꿈에 걸맞은 행동력을 보여주기도 하였습니다.

묻고 싶습니다. 제준 작가가 정말 원래부터 범상치 않은 사람이었기에 겨우 18세 나이에 책을 출간하고, 공황장애를 이겨내고, 표지에 당당히 자신의 얼굴과 '자퇴생'이라는 단어를 드러낼 수 있었던 것인가요.

그렇지 않습니다. 그는 단지 '나아감'을 선택했고, 숱한 풍파와 고난을 맞부딪히는 것을 '선택'한 것뿐입니다. 그는 지극히 평범하다 못해, 다른 사람보다 더욱 힘든 상황에서 책을 쓰기로 선택했었습니다. 그리고 실행했고, 끝까지 포기하지 않았습니다. 그래서 나는 그가 정말 자랑스럽습니다. 이런 의지와 행동력을 보여줄 수 있는 사람이 바로 작가라 불릴 수 있는 것입니다.

당신도 마찬가지입니다. 자신의 기준에서 어떤 '결과'가 나오지 않았다고 해서, 스스로의 가치를 쉽게 평가절하해 버리고, 자신의 가능성에 프레임을 만들어 놓지 마세요. **성공은 바라만 본다고 해서 다가오는 것이 아닙니다.** 선택했을 때 내게 오는 선물입니다. 스스로 만들어놓은 왜곡된 성공의 기준은 자신의 기준이 아닌, 남들이 말하는 기준에 맞춰져 있기에, 이젠 당신 스스로가 선택하고 실행해야 할 때입니다. 남들이 뭐라고 하든, 당신은 분명 대단한 인생을 살아왔습니다. 이제 그 인생을 글로 풀어내는 선택만 하면 됩니다.

자신감(自信感)
: 나를 믿는다는 느낌

일반적으로 사람들은, 눈으로 보면서 확인을 해야 믿는 마음의 습관을 지니고 있습니다. 살아가면서, 보이지 않는 것이 더욱 중요하다는 것을 알아가기는 하지만, 여전히 보이지 않는 것을 믿기가 힘든 것이 사람의 속성입니다.

이것이 꼭 나쁜 것만은 아닙니다. 믿지 못하는 습성 때문에, 우리는 더욱 대상을 확인하려 발버둥 치고, 이 과정에서 깨달음을 얻기도 합니다. 다만, 믿지 못하는 대상이 무엇인지 잘 살펴볼 필요가 있습니다.

많은 사람들과 이야기를 나눌수록, 사람들이 가장 믿지 못하는 것이 무엇인지 알게 되었습니다. 그것은 바로 '나 자신'이었습니다. 나 자신을 믿지 못하기에, 상대를 믿을 수 없었고, 나 자신을 가장 모르고 있는 사람은 바로 나 자신이었기에, 내가 아닌 다른 가치에 마음을 빼앗겼던 것입니다.

자신감(自信感)이란, '스스로를 믿는 느낌, 나를 믿는 것' 이라고 해석할 수 있습니다. 스스로를 믿어줄 때, 비로소 우리가 느끼는 '자신감'이 차오릅니다. 때문에, 항상 자신감 있게 살아가야 하는 우리에게, 나 자신을 믿을 수 있도록 만드는 방법이 절실하게 필요합니다.

그 해답은 '글'입니다. 쓰면서 내 안의 경험과 생각, 감정이 내뱉어지고 드러나며, '글'이라는 보이는 존재로서 눈이 그 글을 각인합니다. 그 글은 나를 마주보게 해줍니다. 그 글은 나를 직면하게 합니다. 그래서 우리는 매일 글로 확인을 해주어야 합니다. 자신의 가치를 눈으로 확인할 수 있게 해주어야 합니다.

지금 이 순간 스쳐간 영감과, 과거의 모든 행위와 생각들을 글로 남겨놓지 않으면 지나간 바람이 되어버리고, 아쉬운 세월이 되어버립니다. 그리고 내뱉어지지 않았기에 쌓여가며 감정으로 썩어가게 됩니다. 머릿속, 가슴 속 기억과 추억, 후회와 회환, 상처와 고통으로 남겨놓기에는 당신이 거쳐 온 인생이 가진 가치는 너무나 커다랗고 오묘합니다.

당신은 지금까지 사는 동안 자의든, 타의든 많은 사람을 만났고, 많은 장소를 다녀보았으며, 누군가에게 가르침도 받아보았고,

누군가를 가르친 적도 있었을 것입니다. 누군가에게는 연애에 대한 조언도 받아보기도 하고, 거꾸로 조언해주기도 했을 겁니다.

누군가에게 칭찬을 받기도 하고, 혼이 나기도 했었으며, 절대 잘할 수 없을 거라고 생각했던 것들을 어느 순간 잘하게 된 경험도 있을 것입니다. 자신의 꿈이라고 생각했던 것들이 좌절된 경험도 있고, 전혀 생각지도 못했던 일을 잘하고 있는 자신을 발견한 경험도 있었을 것입니다.

이렇듯 인지하지 못하는 동안에도 당신은 상처를 받기도 하고, 상처를 주기도 하고, 사랑을 받기도 하고, 사랑을 주는 과정에서 '인생'이라는 어려운 질문에 대한 대답을 스스로 찾아왔습니다.

실상, 살다 보면 위대한 목표를 설정하는 사람이 아닌, 사소한 일상의 가치를 깨달은 사람이 자기 자신 뿐만이 아닌, 다른 사람들의 인생 또한 바꾸게 됩니다. **당신이 지금까지 살아온 인생은 위대한 목표가 없어도 그 자체로 이미 위대합니다.**

사소한 행동 하나하나가 쌓여 당신이 그토록 힘들게 걸어온 인생의 굴곡, 골짜기 안에 청량하고 거센 물줄기를 흐르게 했습니다. 이제, 그 인생을 글로 풀어내어 똑바로 직면하고 바라보기만 하면 됩니다. 그것이 스스로(自)를 믿는(信) 가장 확실한 방법입니다.

“책을 써서 부자가 되고 싶습니다.”

나는 작가가 가져야 할 10가지 가치를 다음과 같이 정해놓고, 사람들에게 전달하고 있습니다. 그 10가지는 ‘사랑, 확신, 끈기, 건강, 성장, 풍요, 활기, 영감, 행복 그리고 나눔’입니다. 이 모든 단어 속에 있는 가치가, 작가라는 이름을 통해 가지게 될 가치들입니다. 지금은 그중에서도 ‘나눔’의 가치에 대해 먼저 이야기하려고 합니다.

이 이야기를 하기 위해서는 당신이 책을 쓰고 싶은 진짜 목적이 무엇인지 스스로에게 먼저 질문해보기 바랍니다. 숨겨진 의도가 아닌 진정한 목적을 명확히 답해야 합니다. 솔직하다고 생각하고 답한 대답이, 솔직하지 않을 수 있고, 원한다고 생각했던 것들이 원하지 않는 것일 수도 있기 때문입니다. 처음 컨설팅을 진행할 때 많은 분이 이런 말들을 꺼냅니다.

“책이 출간되면 인세를 엄청 많이 받고 싶어요.”, “유명해지고 싶어요.", "아들에게 책을 물려주고 싶어요." 등의 지극히 개인적인 목적도 있고, "강연을 하고 싶어요. 강연을 해서 보다 많은 사람에게 꿈과 희망을 나눠주고 싶어요.", "저는 책을 많이 팔아서 제 인세로 세계 각국의 오지에 학교를 많이 짓고 싶습니다." 등의 공익적 목적의 포부를 말하기도 합니다. 개인적이든, 공익적이든 이 중에 어떤 것이 더 대단하다고 말할 수도, 맞다 틀리다고 말할 수 없습니다.

다만, 우리는 책을 쓰는 목적에 조금 더 솔직해질 필요가 있습니다. 조금만 더 깊이 들여다보면 돈과 명예, 그리고 사람들의 인정과 공익적 포부만이 목적의 전부는 아니기 때문입니다. 무엇보다, 솔직하지 못한 목적이 기반이 된 책은 독자의 가슴을 뛰게 만들 수 없습니다.

이를 위해 돈과 사람에 대한 이야기를 조금은 하고 넘어가야 할 것 같습니다. 대부분의 사람들은 더 많은 돈을 벌고 싶어 합니다. 돈을 얼마나 벌면 좋겠냐는 질문을 하면 "많이 벌수록 좋아요!"라고 말합니다.

네, 당연히 많이 가지고 있으면 좋을 수 있습니다. 하지만 사용할 준비가 되지 않은 사람들 즉, 사용할 목적성이 분명하지 않은 사람들에게는 돈이 독약이 되는 것을 수없이 보아왔습니다. 나 역시 그런 경험이 있습니다. 내가 돈에 대한 생각이 달라진 것은 다음의 질문 때문이었습니다. **"돈을 버는 사람으로 살 것인가, 돈을 사용하는 주체자로 살 것인가."** 당신도 이 문제에 대해서 스스로 깊이 생각해 볼 필요가 있습니다.

책을 쓰는 목적 자체가 돈과 명예에 국한되어 있다면, 가장 커다란 목적이 된다면, 당신은 책으로 돈을 벌기 위한 목적을 제1순위에 두고 책을 쓰게 될 것입니다. 그렇다면 역지사지, 처지를 바꿔서 생각해 봅시다. 우리가 독자의 입장에서 보면, 작가가 그런 마음으로 쓴 책을 굳이 읽고 싶을까요.

돈은 버는 것이 아닌, 끌어당기는 존재입니다. 돈을 버는 행위는 나의 노동력을 돈으로 바꾸는 아주 1차원 적인 행위입니다. 그리고 그렇게 번 돈은 주머니에 구멍이 뚫린 것처럼 새어나갑니다. 그 돈은 나를 힘들게 노동시켜서 벌어온 것이라는 무의식 때문에 돈에 대한 인식이 좋지 않게 되기 때문입니다.

믿든 믿지 않든 그것은 당신의 선택이지만, 돈은 사람과 비슷한 기운을 가지고 있습니다. 사람에게도 기운(氣運)이 있듯이, 돈에도 기운이 있습니다. 기운은 흐르는(運) 성질을 가지고 있기 때문에 돈은 순환되고 흘러가야 다시 더 크게 되돌아옵니다. 그리고 기운은 같은 성질의 기운끼리 끌어당기는 속성이 있습니다. 당신의 의식 수준과 인품에 따라 주변 사람들이 달라지듯이 말입니다. 돈 또한 마찬가지입니다. 돈은 당신이 어떤 기운을 가지고 있느냐에 따라 당신 곁에 머물기도 하고, 곁에 왔다가도 금방 새어 나가기도 합니다.

더욱 정확히 말하면 돈을 끌어당기는 것이 아닌 부를 끌어당겨야 합니다. 당신은 이제까지 '돈이 많은 사람=부자'라고 생각했기에 '돈'이라는 현물을 목적으로 두었습니다. 하지만 부(富)와 돈(MONEY)은 비슷하면서도 완전히 다른 성질을 가지고 있습니다.

부는 기운이며, 돈은 현물입니다. 부는 진실이며, 돈은 사실입니다. 부는 에너지이며 돈은 물질입니다. 부의 기운을 가진 사람에게 돈이 따라오는 것은 당연한 사실입니다. 돈에 목적을 두고 돈을 취해봐야, 결국 그 돈은 모래성같이 사라집니다.

누구나 더 돈을 벌고 싶고, 더 인정받고 싶고, 영예로운 삶을 살고 싶어 합니다. 이는 인간의 기본적인 욕구이기에 부끄러워하거나 감춰서는 안 됩니다. 그 욕구대로 돈을 진심으로 사랑하고, 사람을 진심으로 대하며, 권력의 맛이 아닌 명분 있는 삶을 살아가야 합니다.

문제는 돈도 사람도, 권력도 내 삶의 우선순위가 되어서는 안 된다는 사실입니다. 이 부분은 '끌어당김'으로 인해 내게 찾아오는 부수적인 영역입니다. 부수적 영역에 당신의 기운이 뺏기면, 정작 중요한 '부'의 기운을 놓치게 됩니다.

부는 보이지 않고, 돈은 보입니다. 꼭 기억해야 할 것은 가장 중요한 것은 눈에 보이지 않는다는 진리입니다. 이제 우리는, 책을 쓰는 솔직한 목적에 대해 이야기를 나눌 준비가 되었습니다.

나는 작가가 가져야 할 10가지 가치를 다음과 같이 정해놓고, 사람들에게 전달하고 있습니다. 그 10가지는 '사랑, 확신, 끈기, 건강, 성장, 풍요, 활기, 영감, 행복 그리고 나눔'입니다. 이 모든 단어 속에 있는 가치가, 작가라는 이름을 통해 가지게 될 가치들입니다.

작가는
천상 사업가다

'책 쓰기'라는 이름하에 많은 사람들이 돈을 좇고, 명예를 좇아가고 있습니다. 그리고 이것을 목적으로 책 쓰기를 실행하고, 책이라는 제품을 만들어 낸 사람들은 결국, 후회하거나 또 다른 갑옷 속에서 살아가게 됩니다.

안 그래도 무거운 인생의 갑옷을 입고 있는 한 사람에게 더 무거운 갑옷을 하나 더 얹어진 셈입니다. 책을 쓴다는 것은 인생을 바꾸는 아주 중요한 일입니다. 당신 스스로가 욕심에 사로잡혀 제대로 된 방향을 잊어버리지 않도록 중심을 잘 잡아야 합니다.

당신이 진정한 부의 기운을 가지게 된다면, 감성적 즐거움이나 자만이 아닌, 영적인 환희와 기쁨(JOYFUL)을 가지게 됩니다. 그것이 '부'입니다. 흔히 말해, '부티' 나는 사람으로 다시 태어나는 것입니다. 명품을 두른다고, 성형했다고 부티가 나는 것이 아닙니다.

고요한 중심 속에서 환희와 기쁨이 가득 찬 사람이 부티가 납니다. 그런 사람에게 사람들이 붙고, 돈이 붙고, 더 큰 명예와 인정이 따라옵니다. 그렇게 가슴 뛰는 삶, 성공한 삶이 시작됩니다.

부의 기운을 끌어당기는 방법은 참으로 단순합니다. 하지만 대부분 그 단순한 진리를 사람들은 알지 못합니다. 혹 알더라도 실행하지 못합니다. 마찬가지로 책을 써서 인생을 바꾸는 방법은 굉장히 단순합니다. 나는 이 진실을 알려주려고 합니다.

나는 좋은 작가가 되는 것은 영향력 있는 사업가가 되는 것이고, 부자가 되는 것이라고 생각합니다. 나를 비롯하여 많은 사람들이 그 과정을 거쳐 왔기에 자신 있게 말할 수 있습니다. 그래서 나는 당신도 어서 좋은 작가가 되길 바라고 있습니다. 당신이 부자이자, 사업자, 즉 좋은 작가가 되는 방법은 간단합니다.

앞전에 말한 '스토리텔링을 잘할 수 있는 방법' 중에서 '내 이야기를 들어주는 한 사람이 앞에 앉아있다는 느낌으로 이야기를 시작하라'를 알려드렸습니다. 이것에는 단순히 스토리텔링을 잘하는 기술을 넘어, 그 본질에는 나눔이라는 가치가 내포되어 있습니다. '내 이야기가 어떻게 하면 잘 전달될까, 어떻게 하면 이 사람이 나와 같은 실수를 반복하지 않게 할 수 있을까, 어떻게 하면 이 사람에게 하나라도 더 도움이 될까'를 고민하는 것이 바로 '나눔'의 가치입니다.

그리고 그 나눔의 가치를 옳게 실현하는 사람이 세상을 바꾸고, 사람들에게 선한 영향력을 펼칩니다. 우리는 그런 사람들을 진정한 '사업가'라고 칭합니다. 그래서 작가는 사업가가 맞습니다. 돈을 버는 데에만 목적을 두는 것이 아닌, **'어떻게 하면 이 사람들을 더 행복하게 해줄 수 있을까'**라는 마음에서 시작된 글이, 최상의 가치가 되어 사람들의 마음을 사로잡게 합니다.

돈을 벌려고 해서 버는 것은 사업가의 행동이 아닙니다. 욕심을 비우고, 나눔의 가치를 행동으로 옮기는 사람이 진정한 사업가입니다. 그렇게 따라오는 부와 명예는, 집착과 의도가 없었으므로 절대 무너지지 않습니다.

글을 통해 경험과 지식의 가치를 나눠주세요. 'GIVE&TAKE', '주고받는다'라고 하지, 'TAKE&GIVE', '받고 주다'라고 하지 않습니다. 나눔이 먼저입니다. 나눠야 들어오는 것이 자연의 순리입니다. 작가라는 사업가로서, 부자로서 당신의 인생 속에 숨어있는 가치들을 책을 통해 마음껏 나눠주세요. 돈을 주고, 물건을 줘야지만 나눔이 아닙니다. 책을 쓰는 것이야 말로 무엇보다 진실한 나눔이며, 당신이 할 수 있는 가장 커다란 나눔입니다.

성공한 작가의 강력한 힘, 'GIVING'

나는 책이 가진 근본적 에너지와 부가 가진 근본적 에너지를 'GIVING'이라고 부릅니다. 주는 것 즉, 나눔의 가치가 가진 힘이 실로 엄청나다는 것을 내 인생을 성장시키며 피부로 경험했기 때문입니다. 'GIVING'에는 몇 가지 원칙이 있습니다. 당신이 이 원칙만 지킨다면 세상 사람들을 위해 좋은 책을 쓰는 강력한 에너지를 지니게 되는 것은 물론, 당연히 부자의 기운을 넘치도록 지니게 됩니다.

'GIVING'의 첫 번째 원칙, 'GIVE TO ME'를 가장 우선순위로 실행하세요.

나에게 좋은 것을 줄 수 있는 사람이 남에게도 좋은 것을 줄 수 있습니다. 나를 진정으로 사랑하는 사람은, 남 또한 진정으로 사랑할 수 있습니다. 반면에 나를 의심하는 사람은, 남을 의심하고, 나를 비하하는 사람은 남도 비하합니다.

사람들은, 자존심 때문에 겉으로 그렇지 않은 척하고 있을 뿐, 조금만 이야기를 나눠보면 깊은 상처와 회피, 방어적 기제가 튀어 나옵니다. 이제, 작가로서 인생을 시작함에 있어, 자신의 몸과 마음을 진정으로 아껴주어야 하며, 매일 글을 쓰면서 자신의 감정을 비워내고, 생각과 의견을 글로 정립해 주어야 합니다. 매일 쌓여가는 많은 정보와 생각의 홍수 속에서 자신을 구출해야 합니다. 보이기 위한 표면적 성공이 아닌 자신을 우선순위로 한 내면적 깊은 성장을 위하여 쓴 글들이, 누군가에게도 커다란 힘이 된다는 것을 깨닫는 순간, 진정한 'GIVING'이 무엇인지 알게 됩니다.

두 번째 원칙, 만약 당신이 A에게 무언가를 주었으면 A에게 **보답 받으려는 기대를 완전히 버려야 합니다**.

사람은 누구나 보상심리가 있습니다. 때문에, "내가 너한테 얼마나 잘해줬는데, 이럴 수 있느냐."라는 말이 나옵니다. 애초에 그런 생각이 든다면 아예 먼저 해주지를 마세요. 주는 것은 아무 대가 없이 그냥 주는 것입니다. 만왕만래(萬往萬來), 만 가지로 나가면 만 가지로 들어옵니다. 이것이 인생의 진리이자 법칙이자 공식입니다.

인과응보(因果應報), 뿌린대로 거둔다는 말과 같이, 복을 받을 사람은 하늘이 복을 주고, 벌을 받을 사람 또한 하늘이 벌을 준다는 생각을 가지고 사는 것이 자기 자신을 아끼는 가장 좋은 방법입니다. 주고받는 것에 대한 과정과 결과를 내가 관장하려고 하면 안 됩니다. 나는 그냥 주면 끝입니다.

세 번째 원칙, '이보다 좋을 수는 없다', **이왕 주려면 정말 좋은 것을 주세요.**

여기서 좋은 것의 기준은 당신이 할 수 있는 최선을 이야기합니다. 대충하면 안 됩니다. 그러면 당신에게 돌아오는 것도 대충 돌아옵니다. 이것이 정성입니다. 최선을 다해 당신이 할 수 있는 모든 가치를 책을 통해 전달하세요. 그 마음은 스스로가 느끼는 것보다 훨씬 위대하고 대단한 보답으로 돌아옵니다.

책을 쓰는 행위는 결국 나눔입니다. 나누기 위해서는 스스로가 이미 나눌 준비가 되었으며, 이미 나눌 것이 쌓여있다는 것을 발견하고 끊임없이 인지해야 합니다. 자신(自信)이 없는 나눔은 자기 위안을 위한 행위가 되거나 자아비판이 더욱 심해질 수밖에 없습니다.

당신은 이미 사람들의 가슴을 움직이고, 정해진 한계를 넘어서며, 꿈과 희망을 부여하고, 웃음과 감동을 줄 수 있는 책을 쓸 충분한 가치가 있음에도 불구하고, 그것을 발견하지 못했고, 믿지 못하고 있을 뿐입니다.

나는 나 자신을 위해, 자신에 대한 믿음과 확신을 기반으로 더 큰 나눔을 펼치기 위해 책을 쓰고 있습니다. 그것이 당신을 위한 나눔이며, 인생을 살아가는 데 있어 가장 빠르고 탄탄한 길을 열어주는 것임을 이미 경험했기 때문입니다.

생을 직면(直面)하라

당신은 이제 책을 쓸 준비가 다 되었습니다. 무엇이 잘못되었고, 무엇을 해야 하는지, 그중에서도 무엇부터 해야 하는지 우선순위도 알게 되었습니다. 이제 행동만 하면 됩니다.

먼저 책을 쓰기 위해 반드시 필요한 글쓰기, 프리라이팅(FREE/PRE WRITING)을 시작하세요. 앞서 말했듯이, 프리라이팅은 재료를 만드는 과정입니다. 때문에 프리라이팅 없이 책 쓰기를 시작한다는 것은 가장 중요한 재료를 준비하지 않고 요리를 시작하는 것과 같습니다.

만약 누군가를 위해 요리를 만든다면, 그 무엇보다 신선한 재료를 먼저 정성껏 준비해야 합니다. 이렇게 준비한 재료로 직접 만든 맛있는 음식을 주변 사람들과 기분 좋게 나눠 먹는다고 상상해보세요. 이보다 더 행복한 일이 있을까요.

당신의 이야기(재료)를 맛있게 요리(글)해서 예쁜 식탁(책)에 한 상 차려놓고, 당신의 독자에게 대접해보세요. '책인사'의 슬로건 또한 'SHARE YOUR STORY', 즉 '당신의 이야기를 나누다' 입니다. 정성스레 만들어진 요리를 함께 먹으면서 독자와 이야기를 나누는 것, 이것이 책입니다.

맛있는 음식을 만들기 위해서, 신선한 재료는 요리를 시작하기 전에 미리 준비되어있어야 합니다. 요리 시작 후 재료를 준비한다면 이내 배가 고파 지쳐버리게 됩니다.

다만, 손만 뻗으면 찾을 수 있는 재료들은 지금 당장 준비하지 않아도 괜찮습니다. 예를 들자면 책 속의 사례나 인터넷 기사 속에서 찾을 수 있는 사례들을 말합니다. 지금 가장 중요한 것은 자신의 기억이나 무의식 속에 묻어있던 이야기를 '글'로 꺼내놓는 작업이 가장 우선입니다. 이것이 프리라이팅입니다.

19세기 프랑스 작가 귀스타브 플로베르(Gustave Flaubert)는 **"생애에서 가장 빛나는 날은 성공한 날이 아니라 비탄과 절망 속에서 생과 한번 부딪쳐보겠다는 느낌이 솟아오른 때"**라고 했습니다. 과거의 기억을 꺼내어 직접 보게 되는 일은 정말 고역이 아닐 수 없습니다. '묻어두고 살고 싶었는데, 그걸 꺼내라니' 또는 '자랑할 거리도 아닌데 꼭 자랑하는 것 같아' 라는 감정들이 자신의 마음을 지배합니다.

하지만 플로베르의 말처럼 당신의 이야기를 꺼내놓는 과정에서 겪는 비탄과 절망을 넘어서서 내가 살아온 생을 직면하게 될 때, 그 어느 때도 느끼지 못했던 자유와 환희가 차오르는 느낌을 받게 됩니다. 그것이 바로 과거에 매여있던 자신을 벗어던지고 지금 이 순간을 사는 사람만이 느낄 수 있는 감정입니다.

내가 살아온 인생, 과거의 경험을 재료로 만드는 작업은 정말 힘들지만 그만큼 꼭 필요한 작업입니다. 그 과정에서 당신은 항상 원해왔던 변화를 경험하게 될 것입니다. 원래 변화란 참으로 불편하고 힘든 것입니다. 그 과정에서, 자신의 인생을 그토록 힘들게 했던 짐들이 내려놓아 집니다. 나도 모르게 붙들고 있던 과거를 놔주는 작업, 그것이 바로 책 쓰기의 시작입니다.

생을 직면하는 방법은 오로지 책을 쓰는 것뿐입니다. 글로 드러내고, 설명하며, 책으로 표현하는 것, 이것만이 당신의 과거를 가치 있게 흐르게 하고, 이 순간의 깨달음과 마음가짐을 건강하게 경험시키는 최고의, 최선의, 유일한 방법입니다.

아무리 피해도, 아무리 모른 척해도, 기억으로 인한 감정은 더욱 커지게 될 뿐입니다. 커다란 암 덩어리가 되어 나를 삼켜버리기 전에, 나의 과거를, 살아온 인생을 똑바로 바라보고 직면해야 합니다. 이는 작가로서 책을 쓰고자 결심한 당신에게 찾아온 가장 힘든 훈련이자, 가장 축복된 선물임을 기억해주기 바랍니다.

내가 살아온 인생, 과거의 경험을 재료로 만드는
작업은 정말 힘들지만 그만큼 꼭 필요한 작업입니다.
그 과정에서 당신은 항상 원해왔던 변화를
경험하게 될 것입니다. 원래 변화라는 참으로
불편하고 힘든 것입니다. 그 과정에서, 자신의 인생을
그토록 힘들게 했던 짐들이 내려놓아 집니다. 나도
모르게 붙들고 있던 과거를 나주는 작업, 그것이 바로
책 쓰기의 시작입니다.

04

책 쓰기의 핵심 기술

스토리텔러(storyteller)가 되라 I : 신선한 재료를 맛있게 요리하기

프리라이팅을 하면서 '내가 지금 책을 쓰고 있는 것이 맞는 걸까?'라는 생각이 들 때가 있을 겁니다. 서론, 본론, 결론 같은 형식도 없고, 자신의 이야기를 아무 주제 없이 나열하는 느낌도 들 수 있습니다. 하지만 이 또한 자연스러운 것입니다. 아무 염려 말고, 쓰던 글을 계속 쓰면 됩니다.

당신은 지금 프리라이팅을 통해 '재료'를 꺼내는 작업을 하고 있고, 이 작업은 책 쓰기 과정 중에 가장 중요한 기반을 쌓는 일입니다. 나 또한 프리라이팅을 통해 재료를 한가득 쌓아놓고 이 글을 쓰고 있습니다. 만약 프리라이팅이 없었다면 내 요리는 정체불명의 음식이 되었거나, 다 타버렸거나, 시작조차 하지 못했을 것입니다. 이제 그 꺼낸 재료를 맛있게 요리하는 방법을 알아보겠습니다.

다음 이야기는 〈30년을 뛰어넘은 인연…서로를 구한 '의사-소방관'〉이라는 제목으로 세계일보에 실렸던 기사 내용 전문입니다.

"30년 간격을 두고 서로를 위험에서 구해준 의사와 소방관의 사연이 뒤늦게 공개돼 네티즌들의 눈길을 끌고 있다. 이야기는 4년 전으로 거슬러 올라간다. 지난 2011년 3월 29일, 소아과 의사로 근무 중인 샤넌은 미국 캘리포니아주 오렌지카운티의 한 도로를 운전하던 중 자신의 차량이 트럭과 충돌하는 사고를 당했다.

차량은 불길에 휩싸였고, 신고를 받고 출동한 소방대가 샤넌을 구해 다행히 생명에는 큰 지장이 없었다. 다만 다리에 심한 화상을 입은 탓에 샤넌은 발가락 두 개를 잘라낼 수밖에 없었다. 현장에서 샤넌을 구한 소방관 크리스 트로키는 며칠 뒤, 병원에 그를 만나러 갔다가 깜짝 놀랄만한 이야기를 듣게 됐다. 30년 전, 갓 태어난 그를 위험에서 구해준 소아과 의사가 샤넌이라는 사실을 알게 된 것이다.

트로키는 "샤넌과 이야기하던 중 그가 나의 생명을 구한 사람이라는 걸 알았다"며 "얘기를 나누다 그에게 '오, 당신이 정말 그 의사였어요?'라고 물었다"고 웃었다. 출생 당시 트로키의 체중은 3.2파운드(약 1.5kg)였다. 50%의 확률로 사느냐 죽느냐가 결정되는 순간이었다. 다행히 샤넌은 트로키의 목숨을 구했고, 그 덕에

착실히 자라 소방관이 된 트로키가 이번에는 샤넌을 죽음에서 구해준 기막힌 상황이 벌어졌다.

트로키는 어린 아들을 둔 아버지다. 그는 "샤넌을 만난 후의 느낌은 말로 표현할 수가 없었다"며 "내 아들의 건강을 책임질 소아과 의사는 샤넌뿐"이라고 말했다. 한편 두 사람은 어린이들의 암 치료 기금 마련을 위해 최근 열린 행사에서 함께 머리를 민 것으로 알려졌다."

위 기사 내용을 보면 그들의 30년 세월을 간결하고 명확하게, 최대한 사실관계에 의거해 전달하고 있습니다. 이는 할당된 지면 안에서 독자들에게 보다 많은 정보를 보다 신속하고 빠르게 전달해야 하는 신문 기사의 특성입니다.

글쓰기를 직업으로 하는 기자들만큼 글을 조리 있게 쓰기는 어렵겠지만, 당신이 이 기사를 쓰는 기자들을 부러워할 이유는 하나도 없습니다. 당신이 배울 것은 이런 기사의 형식이 아니기 때문입니다. 당신은 이야기를 풀어낼 때 스스로에게 솔직하며 **독자들을 사랑하는 작가들만이 가질 수 있는 글 마법, '스토리텔링(storytelling)'의 기술**을 익혀야 합니다.

스토리텔러(storyteller)가 되라 II
: 작가는 이야기꾼이다

누군가에게 당신의 경험담을 말하고 있다고 가정 해봅시다. 알아듣지 못하게 설명하거나, 중언부언 앞뒤 설명 없이 내가 말하고 싶은 것만 대뜸 말한다면, 그 말은 이야기가 아닌 혼잣말이 됩니다.

당신은 작가입니다. 작가는 독자에게 자신의 경험담과 깨달음을 솔직하게 드러내고, 도움이 될 만한 정보들을 보다 자세히 설명해 주어야 합니다. 이것이 바로 스토리텔링, 즉 '이야기를 하다'입니다.

상대방에게 내가 겪은 경험과 그에 대한 교훈을 잘 전달하는 것이 작가의 의무입니다. 그래서 작가를 스토리텔러라고도 부릅니다. 이야기꾼이 되어 독자와 공감하고 호흡하는 것은 작가만이 가질 수 있는 책임이자 특권이기도 합니다.

다음 세 가지만 확실히 익힌다면 당신도 훌륭한 스토리텔러, 이야기꾼이 될 수 있습니다. 위 기사 사례를 이야기를 풀어보겠습니다.

트로키와 샤넌의 이야기를 알게 된 계기는 MBC TV 〈서프라이즈〉 프로그램 덕분이었습니다. 재연 배우들을 통해 얼마나 재미있게 이야기보따리를 풀어주던지, 매우 인상 깊게 봤던 기억이 납니다. 그 이야기의 진원지를 찾다 보니 앞서 말한 세계일보의 기사를 보게 되었습니다.

기사 내용은 한 페이지 정도 분량의 글로 트로키와 샤넌의 기적 같은 인연을 풀어내었지만, 〈서프라이즈〉에서 본 영상은 더욱 재미있게 전달해주었고, 트로키와 샤넌이 만난 배경과 그 둘이 사회적으로 펼치는 선한 영향력에 대해서도 집중하여 다뤄주었습니다. TV에서 본 이야기의 시작은 이러합니다.

젊은 청년과 머리가 희끗희끗한 노인이 함께 손을 잡고 이발소로 들어갑니다. 그리고 두 사람의 뒷모습을 배경으로 다음과 같은 자막이 흘러나옵니다.

'왜 젊은 청년과 노인은 두 손을 부여잡고 이발소에 들어간 것일까?'

장면이 전환되어, 병원에서 출산을 앞두고 있는 한 여성의 모습이 나옵니다. 아기의 엄마는 산고 끝에 아기를 출산하지만, 1.5kg의 미숙아로 태어난 아기는 생명이 위독했습니다. 아기의 치료를 맡은 의사는 끝까지 포기하지 않고 아기를 살려냅니다. 이후 무럭무럭 자라는 아이의 모습이 나오고, 아이의 부모는 아이에게 다음과 같은 이야기를 들려줍니다.

"아들아, 너는 태어났을 때 삶의 기로에 서 있었지만 샤넌이라는 의사 선생님이 네 목숨을 구해주셨단다. 너도 나중에 누군가의 목숨을 구하는 귀한 삶을 살길 바란다."

이 말을 듣고 자란 아이는 청년이 되어 소방관이 됩니다. 실제로 사람들의 목숨을 살리는 일을 하게 된 것입니다. 소방관으로 근무하던 청년은, 어느 날 대형 교통사고 현장에 출동하게 됩니다. 그곳에서 차에 갇혀 정신을 잃은 한 노인을 발견하고는 폭발의 위험이 있으니 포기하라는 주변의 만류에도 불구하고 노인을 안전하게 구출합니다. 이후, 병원에 입원하여 무사히 치료를 받게 된 노인은 소방대 측에 자신을 살려준 소방관에게 감사 인사를 하고 싶다고 전했고, 그렇게 그 노인은 소방관 청년을 만나게 됩니다. 노인은 자신을 소개하며 청년에게 감사함을 표시합니다.

"나는 소아과 의사로 일하고 있는 샤넌이라고 합니다. 내 목숨을 구해주셔서 정말 감사합니다."

청년은 그의 이름을 듣자마자, 예전에 자신을 살려주었던 의사가 바로 이 노인이라는 것을 알아차리게 됩니다. 청년은 자신의 이야기를 꺼내며 “혹시, 예전에 00병원에서 근무하지 않으셨나요? 선생님, 제가 바로 선생님이 살려주셨던 그 때 그 아기, 트로키 입니다.”라고 말합니다. 그렇게 만난 그들의 인연은 미국 전역에 크게 화제가 되었고, 많은 언론이 그들을 앞 다투어 취재하며 기적과 같은 그들의 인연을 보도했습니다.

그 일이 있은 이후, 샤넌은 청년 트로키에게 한 가지 제안을 합니다. 소아과 의사로서 평소에도 소아암에 걸린 아이들에게 무엇을 해줄 수 있을지 고민했던 샤넌이 트로키와 함께 모발을 기부하는 캠페인을 펼치면 좋겠다는 아이디어를 낸 것입니다. 이에 트로키는 흔쾌히 동참에 승낙했고, 샤넌은 말합니다.

“트로키, 우리의 인연이 사람들에게 많이 알려지게 되었네. 그래서 우리가 직접 나선다면, 이번 캠페인은 분명 예전보다 더 커다란 효과가 있을 거야. 동참해주어서 고맙네.”

그 후 두 사람은 함께 이발소에서 삭발을 하며 모발을 기부하는 캠페인을 펼치게 됩니다. 삭발을 하는 현장에는 많은 언론 기자들이 몰려들어 앞 다투어 그들의 모습을 취재했고, 캠페인의 영향력은 실로 배가되어, 그 모습을 본 사람들이 그해 가장 많은 모발을 기부했다는 이야기가 덧붙여졌습니다.

이야기보따리를 다시 풀어보았습니다. 확실히 기사 내용보다 〈서프라이즈〉는 더욱 큰 재미와 몰입도를 주었고, 무엇보다 기억에 오래 남을 수 있는 이야기의 흐름을 보여주었습니다. 이제 〈서프라이즈〉라는 프로그램이 보다 재미있고 전달력있게 이야기를 풀어나갈 수 있었던 이유를 살펴봅시다.

스토리텔러(storyteller)가 되라Ⅲ : 숨어있는 주제를 찾아내라

첫 번째, 시간 순서대로 이야기를 진행하지 마라.

〈서프라이즈〉에서 보여준 내용은 기사의 내용과 같은 이야기지만, 시간의 순서를 어떻게 배열하느냐에 따라 이야기에 대한 몰입도와 흥미는 완전히 달라집니다. '왜 젊은 청년과 노인은 두 손을 부여잡고 이발소에 들어간 것일까?' 가 가장 처음에 나온 것처럼, 결론 중 한 장면을 먼저 풀어주고 그에 대한 설명을 차근히 풀어가는 방법을 취해보세요. 이 방법은 각색, 즉 스토리텔링의 필살기입니다.

두 번째, 같은 소재라도 관점을 달리하면 완전히 다른 이야기가 탄생한다.

많은 사람이 자신의 이야기가 별 볼 일 없다는 느끼는 이유가 무엇일까요. 자신의 이야기에 대한 관점(觀點)이 왜곡되어 있거나 저

평가하고 있기 때문입니다. 아이러니하게도 가장 고평가해 줘야 할 우리 자신임에도 불구하고, 대부분의 사람들은 자신의 장점을 추켜세우는 것을 정말 못합니다. 내세워도 될 것들은 낮게 바라보고, 낮은 자세로 가야 할 것들은 높이 내세우는 경우가 허다합니다.

하지만 괜찮습니다. 지금이라도 그렇게 살면 됩니다. 이것을 위하여 당신은 지금 책을 쓰고 있는 것입니다.

자신의 이야기를 제 3자의 관점에서 바라보고 그 경험을 글로 풀어보세요. 아마 트로키도, 샤년도 자신이 누군가의 생명을 살린 일을 스스로는 그리 대단치 않게 여겼을지 모릅니다. 하지만 이것이 세상에 알려졌을 때, 비로소 그 가치를 평가받았고, 소아암 환우들을 살리는 선한 영향력을 더욱 크게 펼칠 수 있었습니다.

세 번째, 내 이야기를 들어주는 한 사람이 앞에 앉아있다는 느낌으로 이야기를 시작하라.

뒤편에 더 자세히 설명하겠지만 책을 쓸 때는 핵심독자와 확산독자를 반드시 설정하고 집필에 들어가야 합니다. 내 앞에 앉아있는 한 사람이 누구인지, 명확히 인식한 상태에서 집필을 시작해야 주제가 흐트러지지 않습니다.

이와 마찬가지로 당신의 이야기를 풀어낼 때도 내 이야기를 들어줄 한 사람을 앞에 앉혀놓아야 합니다. 물론 가상으로 앉혀놓으면 됩니다. 그래야 당신의 이야기를 더 재미있게, 보다 효과적으로, 보다 자세하게 전달하려는 마음이 생겨나고, 그 마음이 당신의 글 또는 책을 읽는 독자에게 전해져 독자들이 당신에게 푹 빠져들게 될 것입니다.

대화체를 적절히 녹여놓는 것도 현장감을 주는 아주 좋은 방법입니다. 다만, 너무 많은 대화체는 도리어 이야기의 몰입도를 방해하고, 속도감을 더디게 하니 꼭 필요한 대화들만 적절히 사용해야 합니다.

마지막으로, 이야기를 서술한 뒤 그에 대한 생각과 의견을 풀어낼 때 꼭 주의해야 할 점이 있습니다. 이 사례를 통해 작가가 말하고자 하는 주제를 명확하게 정해야 합니다. 그리고 일관된 주제로 이야기를 연결해 나가야 합니다. 한 가지 이야기처럼 보일 지라도, 그 안에는 여러 가지의 주제가 숨어있기 때문입니다.

앞서 말한 샤넌과 트로키의 이야기만 봐도, 그 안에 여러 가지 주제가 내재되어 있음을 알 수 있습니다. 예를 들어 소아과 의사로서 아이를 살리기 위해 최선을 다한 샤넌의 이야기 부분을 살펴보면, '자신의 맡은 바 일에 최선을 다하라', 혹은 '어떤 일이든 끝까지 포기하지 마라'라는 주제를 꺼낼 수 있습니다.

혹은 트로키의 부모가 트로키에게 해준 말 한마디로 인해 사람을 살리는 소방관이 되었듯이 '부모의 말이 아이의 인생을 바꾼다'라는 주제 또한 꺼낼 수 있습니다. 그 외에도 '인과응보, 복을 베풀면 복이 돌아온다'라는 주제도 꺼낼 수 있고, '이름이 알려질수록 더욱 선한 영향력을 끼칠 수 있다', '사람의 인연은 하늘이 정해준다'라는 식의 주제도 꺼낼 수 있습니다.

우리가 거쳐온 인생에는 정말 수많은 '한 문장', 즉 주제가 숨어 있습니다. 당신이 경험한 이야기들을 하나씩 꺼내어보며 그 안에 숨어있는 한 문장을 꺼내 보세요. 당신이 살아온 인생이 얼마나 값지고, 아름다운지 쓰는 동시에 눈으로 확인하게 될 것입니다. 이것이 진정한 책 쓰기의 시작입니다.

작가는 이야기꾼이 되어야 합니다. 독자를 즐겁게 해주고 싶고, 알아듣기 쉽게 설명하고 싶은 마음만 가지고 있다면, 다소 진부한 이야기도 충분히 재미있게 만들 수 있습니다. 훌륭한 스토리텔러는 그만큼의 훌륭한 인성을 갖춘 작가임에 틀림이 없는 이유입니다.

첫 번째, 시간 순서대로 이야기를 진행하지 마라.

두 번째, 같은 소재라도 관점을 달리하면 완전히
다른 이야기가 탄생한다.

세 번째, 내 이야기를 들어주는 한 사람이 앞에
앉아있다는 느낌으로 이야기를 시작하라.

주파수를 켜라

언제든지 원하는 음악을 듣기 쉬운 시대이지만 나는 라디오를 자주 듣습니다. 라디오 채널을 고정시켜놓지만, 지방을 갈 때는 새로운 채널을 찾아 라디오 주파수를 맞춰야 합니다. 딱 맞아떨어지는 주파수를 찾으면, 그 때 선명한 음악 소리와 DJ의 음성이 흘러나옵니다.

글을 쓰는 것 또한 마찬가지입니다. 책은 한 가지 주제를 여러 갈래의 카테고리와 예시를 들어 설명하고 보여주는 주체입니다. 한 권의 책 안에 여러 가지 주제가 담겨 있는 듯 보여도, 결국 가장 상위에 있는 주제는 단 '한 줄의 문장'입니다. 그 하나의 주파수를 맞춰야 하는 것, 그것이 바로 당신이 항상 켜놓아야 할 주파수입니다.

주파수가 잡혀있다는 말은, 글을 쓰는 동안, 책의 주제가 명확하게

잡혀있다는 뜻입니다. 책의 주제가 명확히 잡혀있다는 말은, 글의 흐름이 엇나가지 않고, 올바르게 흘러간다는 뜻입니다. 한 꼭지마다의 결론에는 힘이 실릴 것이며, 책 전체를 통해 작가가 말하고자 하는 주제 또한 명확히 전달되어, 독자로 하여금 확실한 해답과 깨달음을 선사할 것입니다. 좋은 책이 안 되려야 안 될 수가 없습니다.

나는 당신이 글을 쓰고 있을 때뿐 만이 아니라, **일상에서 주파수를 항상 켜놓기를 바랍니다.** 이를 위해, 당신만의 주파수가 무엇인지 알아야 하며, 알게 되었다 하더라도 주파수를 유지할 수 있는 방법을 알고 있어야 합니다. 주파수를 켜놓는 것만으로, 이 주파수는 알아서 당신이 원하는 것을 가져다줄 것이고, 영감을 떠올려 줄 것입니다.

내가 켜 놓은 주파수로 인해 지금 쓰는 이 글의 속도가 필사보다 빠르게 흘러가는 이유입니다. 때로는 거센 흐름으로, 때로는 유유히 흘러가는 흐름으로, 글이 써 지는 속도의 차이는 있겠지만, 당신의 주파수가 켜져 있는 한 절대 글의 흐름 자체가 멈춰지지는 않습니다. 마치 바다의 흐름이 멈추지 않는 것처럼 말입니다. 글을 다 쓰고 나면, '이 글은 마치 내가 쓴 글이 아닌 것 같아'라는 기분이 들 것입니다.

삶을 흐르게 하는 기술, 글쓰기의 일곱계단

당신이 더 쉽게 주파수를 발견하기 위한, 그리고 주파수를 유지하기 위한 방법을 알려주고자 합니다. '7단계의 글쓰기 계단'을 통해 주제에 대한 명확성을 가지고, 더 나아가 삶의 엄청난 변화와 스스로에 대한 확신이 생겨날 것입니다.

확신(確信)은 삶의 중심을 갖는데 있어 가장 필요한 것이지만, 절대 단번에 생겨나지 않습니다. 때문에 7단계의 계단은, 글의 흐름을 원만하게 이끄는 기술임은 물론, 삶의 새로운 변화를 원하는 당신에게 꼭 필요한 비법입니다. 가장 빨리 성공 할 수 있는 방법은 차근히 계단을 올라가야 하는 것임을 글쓰기의 일곱 계단을 통해 익히길 바랍니다. 7단계의 계단은 다음과 같습니다.

1. 뱉어내기 ▶ 2. 드러내기 ▶ 3. 사용하기 ▶ 4. 설명하기 ▶ 5. 표현

하기 ▶ 6. 다듬기 ▶ 7. 만들기

첫 번째 계단 '뱉어내기',

감정을 가감 없이 내보이는 글을 쓰는 것입니다. 쌓였던 감정을 모두 뱉어내세요. 욕을 써도 좋습니다. 당신의 기분이 풀릴 수 있다면, 어떤 글이든 좋습니다. 누가 볼 때 이 글이 어떤 글인지, 알지 못해도 전혀 상관없습니다. 침을 뱉듯이 쓰세요. 이것이 글쓰기의 첫 번째 계단입니다.

두 번째 계단 '드러내기',

감정이 어느 정도 해소된 상태에서, 사실관계의 자신의 경험(과거의 상처, 성공, 실패 등)을 쓰는 단계입니다. 마치 초등학교 때 일기처럼, "나는 오늘 아침에 미역국을 먹었다." 식의 사실관계의 나열만 해줘도 충분합니다. TV 화면에서 자신의 과거 생활을 지켜보듯이, 그 화면에 나오는 자신의 행동과 그때의 감정들을 그대로 글로 써주기만 하면 됩니다.

세 번째 계단 '사용하기',

드러내기를 통해 글로 적힌 사실관계의 이야기에 자신의 생각과 의견을 덧붙이는 것입니다. 기존에 쓰인 글이 재료라면, 이제는 그 재료를 사용할 수 있는 단계가 된 것입니다. 그만큼 자신의 경험을 똑바로 직면하게 되었고, 그 경험에 숨은 교훈과 진리, 깨달음까지 알게 되었다는 반증입니다. 비로소 요리사, 즉 작가로서의 글이 시작되는 시점입니다.

네 번째 계단 '설명하기',

이제까지 쓴 글들을 전달하기 시작하는 단계입니다. 글을 쓰는 것을 넘어, 누군가에게 전달할 수 있는 과정까지 가는 것이 내가 강조하는 '책을 쓴다'의 기본입니다. 자신의 경험이 경험치가 되어 노하우(knowhow)로 풀어지게 되고, 자신이 가지고 있던 지식과 정보들이 하나도 빠짐없이 자신의 삶과 결부가 되어, 가치를 최대화시키게 되는, 그야말로 영감의 불꽃이 본격적으로 피어오르는 단계입니다.

다섯 번째 계단 '표현하기',

한마디로 말해, 초고(草稿) 쓰기 입니다. 막연하게 써 왔던 글쓰기 단계를 넘어, 명료하게 주파수가 잡히고, 자신의 경험과 지식에 대한 명확성이 생기면서, 주파수, 즉 말하고자 하는 주제가 점차 확신되어가는 단계입니다. 이때부터, 당신의 삶에 아주 중요한 역할을 하게 될 확신이 쌓여가게 됩니다.

여섯 번째 계단 '다듬기',

퇴고(推敲)입니다. '밀고, 두드린다'라는 퇴고의 의미처럼, 문장들을 적재적소에 옮기고, 두드려 고쳐가며, 보다 명쾌하고 원활한 글의 흐름을 조정하는 단계입니다. 다이아몬드 원석을 캐내는 것도 중요하지만, 세공하는 것도 못지않게 중요하듯, 퇴고의 단계에서는, 초고의 단계에서 쌓여온 확신을 유지해 가며, 무기로 사용해야 하는 중요한 단계입니다. 주파수를 찾아내는 것도 중요하지만 주파수를 잘 유지해가는 것도 중요한 단계, 바로 다듬기 단계입니다.

일곱 번째 계단 '만들기',

책으로 출간되는 마지막 단계를 말합니다. '책'이라는 제품으로 만들기 위해, 다시 한번 제목과 목차를 점검하고, 책 표지에 함께 따라가야 할 문구들을 찾아보고, 디자인에 대한 계획도 세워야 합니다. 지금까지 잘 이끌어온 글의 흐름을 보다 심플하게, 눈에 잘 들어올 수 있도록 만드는 작업입니다. 꼭지 중간마다 첨부할 tip을 삽입한다던가, 프롤로그와 에필로그를 쓰는 단계이기도 합니다.

05

무조건 써라,
일단 써라

글쓰기에 대한 개념부터 바꿔라

전 세계에 글쓰기 열풍을 불러일으켰던 작가, 나탈리 골드버그(Natalie Goldberg)는 "글쓰기는 글쓰기를 통해서만 배울 수 있다. 바깥에서는 어떤 배움의 길도 없다."고 했습니다. 책을 쓰기 시작하는 대부분의 사람들은 '글쓰기'에 대해 부담을 가지고 있습니다. '책을 쓴다 = 글쓰기'가 정립되어 있기 때문입니다.

책은 글로 채워지는 것이 맞습니다. 다만 누누이 강조하듯이 글의 기술을 통해서만 책이 채워지는 것은 아닙니다. 과거의 나와 직면하고, 나를 바라보며 나의 가치를 찾는 행위가 반드시 우선되어야 좋은 책을 채울 수 있는 글쓰기가 시작됩니다.

나 자신의 마음이 열리지 않으면 글은 나오지 않습니다. 머리로만 쓰는 글은 독자의 마음을 움직일 수 없습니다. 책은 마음을 움직이는 동력체입니다. 당신은 교과서를 쓰거나 어쭙잖은 말장난을 늘어놓는 책을 쓰려고 이 책을 읽고 있는 것이 아닐 것입니다. 사람을 살리고, 마음을 공감하며, 그로 인해 당신의 삶이 더 풍요롭고 행복하길 바라는 마음에서 이 책을 읽고, 당신의 책을 쓰고 있습니다.

사람들은 내게, 글을 잘 쓰는 방법이 무엇이냐는 질문을 가장 많이 합니다. 책을 쓰다 보면 답답하고, 궁금해지기에 당연히 나오는 질문입니다. 내가 쓴 글이 과연 잘 쓴 글인지, 책으로 나올 수는 있는 글인지, 확신을 가지지 못해서 불안한 마음이 드는 것입니다.

같이 수업을 받고 있는 다른 작가들의 글을 읽다 보면, '나만 글을 잘 못 쓰는 것 같아…'라는 생각에 자신감이 없어지기도 합니다. 그래서인지 모두가 내게 똑같이 다음과 같은 고민을 토로합니다.

"남들은 잘 쓰는 것 같은데, 제 글은 형편없는 것 같아요."

그런데 재미있는 것은 아무도 자신이 글을 잘 썼다고 하는 사람들은 없습니다. 도대체, 그러면 누가 글을 잘 쓰고 있는 것이고, 누가 글을 못 쓰는 것일까요.

베스트셀러 작가가 목표?
하수의 생각

당신은 이미 글을 잘 쓸 수 있는 자질을 가지고 있습니다. 당신의 인생은 이미 글을 통해 나올 위대한 가치를 지니고 있습니다. 당신의 글은 훌륭한 책이 될 준비가 되어 있습니다. 당신은 매일 글을 쓸 마음의 준비만 하면 됩니다. 그럼에도 불구하고, 또다시 쓸데없는 걱정과 두려움이 당신을 찾아온다면, 다음 3가지를 떠올려 보세요.

첫째, 진실

둘째, 성실

셋째, 충실

첫째, 진실(眞實)은 당신의 마음속에 있는 솔직함입니다.

진실과 사실은 다릅니다. 지금 당신에게 처한 환경이 사실이라면, 그 마음은 진실입니다. 아무리 돈이 많아도, 진실은 불행한 사람들이 있습니다. 지금 처한 현실이 비록 어려울지라도, 진실은 당신의 가치이며 용기이기에 희망을 품고 나아갈 수 있습니다. 그런 척, 아닌 척, 있는 척, 없는 척, 모든 가식과 허세를 버리고, 솔직하게 나아가는 한 걸음, 당신의 글에 필요한 첫 번째, 진실입니다.

둘째, 성실(誠實)은 마음을 다하는 정성입니다.

이를 위해 지구력과 근기(根氣)가 필요합니다. 근기란 근본이 되는 힘입니다. 당신의 근본은 '백(白)'입니다. 즉, 희고 깨끗한 상태, 순수하고 영험한 힘을 지닌 근본을 살리는 힘이 바로 근기입니다. 근기를 가지기 위해 매일 글을 써야 합니다.

아무 생각 없이 글을 쓰라고 하는 것이 아닙니다. 글쓰기 자체가 당신의 인생을 바꿔줍니다. 천 권의 책을 읽어도 절대 알 수 없었고, 절대 할 수 없었던 것들을 글을 쓰면서 알아가게 되고, 할 수 있게 됩니다. 하루 1시간, 꾸준히 글을 쓰는 정성. 당신의 글에 필요한 두 번째, 성실입니다.

셋째, 충실(忠實)은 끝까지 해내는 힘, 중심입니다.

충(忠)은 가운데 중(中), 마음 심(心)이 합쳐진 글자입니다. 중심이란, 처음 하고자 마음먹은 일을 끝까지 해내는 힘을 말합니다.

중심이 있는 자는, 초심을 지켜냅니다. 그리고 고수의 자리로 올라섭니다. 그것을 지켜내는 것이 중심입니다. 말, 언어가 초심이라면, 글은 중심입니다. 그리고 책은 고수의 격을 나타냅니다. 글로서 중심을 지켜낸다면, 당신은 초심(언어)을 지키는 사람으로, 고수(책)의 품격을 지니게 됩니다. 책으로 나아가는 글의 단단한 중심, 당신의 글에 필요한 세 번째, 충실입니다.

진실, 성실, 충실. 이 3가지를 당신이 글을 쓰는 내내 지켜낼 수 있다면 베스트셀러 작가가 되려는 목표를 삼을 필요도, 인세와 강연을 통해 많은 돈을 벌고 유명해지려고 할 필요도 없습니다. 그것들은 자연스레 따라오는 '부수적'인 것에 불과하다는 것을 경험하게 됩니다.

자유란, 인생의 잡념이 없어지고 숨기는 것이 없어지며, 떳떳하게 자신의 할 일을 해내고, 언행이 일치되며, 자신의 행위에 책임질 줄 알며, 자만하지 아니하며, 남에게 피해 주지 않으면서도 자신이 하고 싶은 것들을 마음껏 펼치는 행위를 뜻합니다.

나는 나와 당신, 우리 모두가 더욱 자유로워지길 바랍니다. 회피가 아닌 자유를 누리길 바랍니다. 당신의 인생에서, 당신의 글쓰기에서 가장 중요한 것은 오로지 이 3가지라는 것을 명심한다면, 당신은 이제껏 한 번도 경험하지 못했던, 완전한 자유를 누리게 될 것입니다. 더 이상 당신의 글을 스스로 저평가할 일도 없어지게 됩니다. 더 이상 스스로를 속박하며 살아가지 않게 됩니다.

여전히 글을 잘 쓰는 방법이 궁금하다고 묻는다면, 이 말을 해주고 싶습니다. 글쓰기의 기술을 배양시키기 위한 최고의 방법은, "매일, 정성을 다해, 진실된 글을 쓰는 것이다."라고 말입니다.

이것이 '진실, 성실, 충실'입니다. 단언컨대, 이보다 더 좋은 방법은 없습니다. 나탈리 골드버그의 말처럼, 글쓰기는 글쓰기를 통해서 완전히 배울 수 있습니다. 매일 글을 쓰는 사람의 성장을 절대 따라갈 수 없습니다.

그만큼 책을 쓰는 행위는 경건한 것입니다. 글쓰기의 소재는 작가의 생각이고 의견이며, 일상입니다. 즉 내 생각과 의견과 일상은 경건한 것이고, 위대한 것입니다. 사소해 보였던 자신의 경험과 생각, 일상이 경건한 것이고 소중한 것임을 깨닫는 순간 인생이 바뀝니다.

매일 글을 쓰는 행위만으로 당신의 인생은 완전히 변화될 것입니다. 만약 그 기간을 이겨내지 못하고 포기해버리거나, 당장 앞에 놓인 현실을 핑계로 시간을 헛되이 쓴다면, 앞에서 말한 '진실, 성실, 충실'의 힘은 당신에게 머무르지 않게 됩니다.

제발 헛된 망상이나 목표를 가지지 말고, 그저 지금 할 수 있는 일, 무엇보다 매일 글을 쓰는 일에 집중하길 바랍니다. 그 일상이 당신의 인생을 빛나게 하는 경험을 꼭 한 번은 해보길 바랍니다. 하수의 생각이 아닌 고수의 품격으로 완성될 당신의 책을 기다립니다.

여전히 글을 잘 쓰는 방법이 궁금하다고 묻는다면,
이 말을 해주고 싶습니다. 글쓰기의 기술을 배양시키기 위한 최고의 방법은, "매일, 정성을 다해, 진실된 글을 쓰는 것이다."라고 말입니다.
이것이 '진실, 성실, 충실'입니다. 단언컨대, 이보다 더 좋은 방법은 없습니다. 나탈리 골드버그의 말처럼, 글쓰기는 글쓰기를 통해서 온전히 배울 수 있습니다.
매일 글을 쓰는 사람의 성장을 절대 따라갈 수 없습니다.

글쓰기의 시작,
반성(反省)의 기술

'반성'이라고 하면 어떤 이미지가 떠오르는가요. 어릴 때 썼던 반성문이 가장 먼저 떠오르지 않는지요. 그만큼 우리는 단어에 대한 환경적 고정관념이 형성되어 있습니다. 하지만 작가로서 글을 쓰는 지금, 이제껏 가졌던 고정관념에서 벗어날 필요가 있습니다. 먼저, 반성이라는 단어부터 그 의미를 재정립해 봅시다.

반성은, 돌이킬 반(反), 살필 성(省), '돌이켜 살펴본다'라는 뜻을 가지고 있습니다. 즉, 단순히 자신이 잘못한 것을 돌이켜보는 것만이 아닌, 일상 그 자체를 돌이켜 본다는 의미를 지니고 있습니다. 무엇을 돌이켜봐야 할까요. 나는 습관교정을 위한 책, 《심플래너》를 출간할 때, 반성에 대해 쓰는 두 칸을 마련해 두었습니다. 그 두 칸은 '성공'과 '실패'의 칸이었습니다.

누군가에게 "당신이 성공한 것은 무엇인가요?"라고 물으면, 대부분의 사람은 "크게 내세울 것이 없습니다."라고 말합니다. "당신이 실패한 것은 무엇인가요?"라고 물으면 "크게 실패해 본 적도 없습니다."라고 말하는 사람들이 많습니다. 혹은 누구나 그렇듯이 소소하게 잘한 것들이 조금 있고, 소소하게 실수도 하며 평범하게 살아왔다고 말합니다. 그럴 때 다시 묻습니다. "아주 작은 성공이라도, 아주 작은 실패라도 좋습니다. **당신이 오늘 하루 성공한 것과 실패한 것은 무엇인가요?"** 당신은 뭐라고 대답하겠습니까.

먼저 '성공'과 '실패'가 무엇인지 재정립해야 합니다.

성공의 개념이 돈과 명예로 국한되어 있는 이 세상에서는 단 한 번도 '성공'을 맛보지 못하는 사람들이 대부분입니다. 하지만 성공이라는 개념이 누군가와 비교 대상으로 인식되어서는 평생 '실패하는 자'로만 살 수도 있습니다.

성공의 개념을 다시 '인식'해야 합니다. 나의 성공은 그 누구의 기준에 맞출 수도, 평가될 수도 없습니다. 스스로가 스스로에게 부여하는 당당하고 떳떳한 행동의 기준이어야 합니다. 그렇게 당신이 오늘 하루 행한 성공이 무엇인지 '인지'해야 합니다. 아주 작은 성공부터 차근히 탑을 쌓아 올라가야 합니다. 스스로가 한 행동을 칭찬하고 대견하게 여겨야 할 지점이 있습니다. 부끄러워 말고, 조심스레 당신의 성공을 꺼내 보세요.

현대 시대의 실패 개념은 원하는 결과가 나오지 않음으로 인식된 경우가 많습니다. 하지만 세상 사람들이 모든 일을 결과로써 평가한다고 해서, 자신도 그 평가의 기준을 결과로 두어서는 안 됩니다. 하고자 하는 일을 시도조차 하지 못했거나, 할 수 있었던 일을 하지 못했을 때를 실패로 인식해야 합니다.

게으름 또는 두려움, 방관 등으로 약속을 지키지 못했거나, 과식이나 과음을 해서 몸을 아프고 힘들게 했거나, 미안하다는 말을 제때 꺼내지 못해서 관계를 더욱 악화시켰던 일들이 실패입니다. 그렇게 실패를 다시 인지하고, 적어봐야 합니다.

이제 성공한 이유와 실패한 이유를 적어 봅시다.

'성공한 이유'에 대해서는 내가 어떻게 해서 그런 용기를 낼 수 있었는지, 솔직할 수 있었는지, 즉각 대처를 잘 할 수 있었는지 그 이유를 제3자의 입장에서 가만히 들여다보면서 글로 써보세요. 그 자체로 스스로에게 상을 주는 것이고, 자신에 대한 확신을 더 해주는 최고의 방법입니다.

'실패한 이유'에 대해서는 내가 왜 그 일을 시도조차 하지 못했는지, 할 수 있었던 일을 왜 미루었는지 등 그 이유에 대해 아주 솔직하게 써 내려가야 합니다. 성공한 이유나 실패한 이유 모두, 써 내려가면서 부끄럽고, 수치를 느껴야 합니다. 얼굴이 상기되어야 합니다. 이현상은 내면을 진정으로 깊이 들여다봤을 때 나오는 자연스러운 현상입니다.

사람은 칭찬받을 때 부끄럼을 타고, 요즘 말로 '팩트 폭력'을 당할 때 수치를 느낍니다. 그것을 남의 잣대로만 받을 생각을 하지 말고, 스스로가 자신의 모습을 정확히 직면해야 합니다.

두 가지 모두 솔직하게 글로 쓸 수 있다면, 당신은 비로소 책을 쓸 준비가 된 것입니다. 처음부터 자신을 정확히 직면할 수 있는 사람은 드뭅니다. 매일 글을 쓰는 자체가 자기 자신을 들여다보는 것이고, 마치 항상 같이 있었지만 제대로 알지 못했던 누군가를 새롭게 알아가게 되는 느낌과 같습니다.

자신과 매일 친해져야 합니다. 그 누구보다 진실한 친구가 되어야 합니다. 누구보다 자기 자신을 잘 알게 된 이후에야, 가슴으로 쏟아져 나오게 되는 글이 쓰입니다. 그 글들이 바로, 당신의 책 속에 담길 진짜 이야기입니다.

비로소
어른이 되다

책을 쓰기 위해 넘어야 할 것 중 가장 힘든 것이 무엇일까요. 글쓰기 실력? 책을 쓰는 기술? 독서량? 맞춤법? 모두 아닙니다. 가장 힘든 것은 바로 책을 쓰려고 시작하는 그 시점입니다. 그때 별의별 생각이 다 들게 됩니다. '과연 내가 책을 쓸 수 있을까', '쓴다고 해도 뭘 써야 할까', '내 이야기를 사람들이 좋아할까' 등등 생각이 꼬리에 꼬리를 물고 덤벼듭니다.

대부분이 여기서 포기합니다. 그리고 이런 생각으로 도달됩니다. '아직은 책을 쓸 나이가 아니야', '내 주제에 무슨', '충분히 준비되지 않았어' 등등의 생각으로 결론을 맺습니다. 그래놓고도 찝찝합니다. 결정했으면 깨끗이 지워버리면 되는데, 마음 한편에는 미련이 계속 남습니다.

위의 경우도 문제이지만, 생각지도 못했던 문제가 또 하나 있습니다. 많은 사람이 '해야 해' 병에 걸려있습니다. 나 역시 그러했습니다. '이건 이렇게 해야 해', '원래 삶은 이런 거야', '나는 열심히 노력해야 해'라는 생각으로 자신을 압박했습니다. 책을 쓸 때도 마찬가지였습니다. '내가 책을 쓸 수 있을까'라는 생각이 들면 '마음을 약하게 먹으면 안 돼!'라고 하거나, '내 이야기를 사람들이 좋아할까'라는 생각이 들면 '자신감을 가져!'라는 말로 스스로를 다그쳤습니다.

더 성장하고, 더 성공하고, 더 행복하고 싶다는 명목 아래, 우리는 우리 자신을 너무 힘들게 몰아왔습니다. 스스로 채찍질을 하는 것이 당연한 사회가 되었습니다. 남들보다 못하다고 생각되는 나를, 세상의 기준에 맞추면서 살아왔습니다. 가랑이가 찢어지도록 달려가야 하는 사회 풍토 아래, 열심히 사는 것이 당연한 시대가 되었습니다.

열심히 사는 것이 잘못된 것이 아닙니다. 노력하는 것이 문제가 있는 것이 아닙니다. 다만, 반드시 짚고 넘어가야 할 것이 있음을 꼭 알고 있어야 합니다.

누구나 두려움을 가지고 있습니다. 누구나 분노를 가지고 있습니다. 완벽한 자존감을 지니고 있는 사람은 거의 없습니다. 우선, 그 자체를 인정해야 합니다. 나도, 당신도 우리는 모두 앞날을 걱정하고, 두려워합니다.

"나는 두렵지 않아!", "나는 할 수 있어!"라고 말하기 전에, 스스로의 두려움과 분노, 우울함과 자신감 부족을 인정해주어야 합니다. 당신이 무엇을 잘못한 것보다, 살아온 환경이 그러했고, 당신만의 고유한 성향을 인정받지 못했습니다. 스스로를 위로한답시고, "다 잘 될 거야!"라는 말로 회피한 나날이 너무 오래되었습니다. 이제 그런 감정적 위로로는, 내 안에 쓰레기를 쌓아놓는 일밖에 되지 않습니다. 힘들게 살아온 나 자신을 진심으로 아껴주고, 바라봐주고, 인정해주어야 합니다. 우리는 우리 자신을 보듬어주지 못한 날들이 정말이지, 너무 오래되었습니다.

어느 날, 나는 웅크리고 있는 7살의 나를 보게 되었습니다. 그 아이는 울고 있었습니다. "아이야, 너는 왜 울고 있니." 내 질문에도 그 아이는 여전히 말없이 울고 있었습니다. 아무 말 없이 울고 있는 모습이 답답했지만, 그 아이가 입을 열어주길 바라며 그저 기다릴 수밖에 없었습니다. 그렇게 한참의 시간이 지나서야, 그 아이는 입을 열었습니다.

"나는 너무 슬퍼, 엄마가 나를 안아주지 않아."

그 순간 어릴 적 기억이 떠올려졌습니다. 아버지가 외국에 일하러 나가신 후, 10여 년을 혼자 아들 둘과 지냈던 어머니는, 큰아들이었던 나를 키우는 데 있어서, 더욱더 강하게, 다부지게 키우고 싶어 하셨습니다. 하지만 나는 밖에 나가서 친구들과 어울리는 것보다는, 집에서 책을 쌓아놓고 읽거나, 그림을 그리는 것을 좋아하는 내성적인 아이였습니다. 하지만 책을 읽을 때, 그림을 그릴 때의 내 세상은 놀이동산이었고, 환상적인 우주였고, 최고의 상상력을 발휘할 수 있는 공간이었습니다.

그런 나의 기질은, '남자답게, 장남답게' 키우고 싶어 하셨던 부모님께 그리 환영받지 못했었고, 그렇게 나는 내가 가진 기질들이 '나쁘다'라고 생각하며 살기 시작했습니다. 돌이켜보면, 경찰 공무원 재직 당시에도 매번 특별 승진과 국무총리실 근무, 국가 시책 기안 등을 하며 남들이 부러워하는 부서들을 다니고 특출난 성과들을 내었음에도 불구하고 그리 행복하다고 느꼈던 적이 없었습니다. 배부른 소리라고 생각할 수도 있겠지만 그때의 나는 누구보다 열심히 일한 대신, 누구보다 자신을 채찍질했던 시기이기도 했습니다. 감성적인 나를 누르고 이성적인 나로만 살아왔던 시기였습니다.

7살 아이는 엄마의 사랑 표현이 필요했고, 자신의 감성과 부족함을 인정해주길 바랐을 것입니다. '왜 엄마는 동생은 안아주면서 나는 안아주지 않을까, 나를 미워하나 봐'라는 생각이 들었지만, '나는 강해져야 해'라는 생각으로 자신을 몰아세우며 자신의 감정을 솔직하게 드러내지 못하는 어른이 되어갔습니다.

나는 이 모든 사실과 진실을, 글을 쓰면서 똑바로 바라보게 되었습니다. 오랫동안 먼지가 쌓이고 쌓여 보이지 않았던 유리창처럼, 내 마음 역시 그러했다는 것을 말입니다. 한 겹, 한 겹, 먼지를 벗겨내듯 내 이야기를 하나씩 쓰기 시작했습니다. 그렇게 내 마음이 청소되고 있었고, 나는 비로소 먼지 속에 숨겨져 있던 깨끗한 유리창을 만날 수 있었습니다.

이것이 내가 책을 쓰는 가장 중요한 이유입니다. 책이라는 매개체를 통해, 글을 쓰게 되고, 그렇게 글을 쓰는 것만으로, 내 마음의 쌓인 감정은 깔끔하게 비워집니다. 설사, 지금 쓰는 이 글이 쌓인 먼지를 털어내는 것에 불과하더라도, **먼지를 털어내지 않으면 절대 그 안에 숨겨진 보석은 발견할 수가 없습니다.**

먼지가 쌓여 마음이 닫혀있으면, 우리는 머리로 글을 쓰려고 하게 됩니다. 머리로 글을 쓰게 되면 얕은 생각과 착각 속에서 글을 쓰게 되기 때문에 결코 진실성 있는 글이 나올 수가 없습니다. 그뿐만 아니라 이런 글은 스스로에게도 또 하나의 가식을 씌우는 짐을 만드는 일이 됩니다. 시간과 노력, 에너지를 들여 또 하나의 짐을 만드는 어리석은 짓을 하게 되는 것입니다.

정말 책을 쓰고 싶지만 두려움과 원망, 슬픔과 분노 들이 나아가려는 자신을 짓누른다면, 그 자체를 잘못되었다고 판단해서 포기하거나, 그 감정은 뒤로 한 채 다그치기만 하는 행동은 하지 말아주세요. 당신의 그 감정은 존중받을 필요가 있습니다.

물론, 그 자체를 또 하나의 자기 합리화로 만들어서 '나는 지금 힘드니까, 두려워서, 슬프니까, 지금은 안 돼'라는 또 하나의 핑곗거리를 만들라는 말이 아닙니다. 우선, 감정을 인정해주고 그에 대해 분별력 있는 '선택'을 하세요. 당신 앞에 울고 있는 아이에게 이렇게 말하세요.

"그래, 나도 정말 두려워. 잘될 수 있을지, 정말 내가 할 수 있을지. 하지만 나는 선택하려 해. 계속 두려워 하면서만 살고 싶지는 않아. 내 손을 잡고, 나랑 같이 조금씩만 앞으로 나아가볼래? 나는 너를 정말 사랑하고, 존중하고 있어. 그래서 나는 너와 함께 갈 거야. 네 손을 절대 놓지 않을 거야."

하루 1시간, 매일 글을 쓰는 당신의 시간이 웅크리고 있던 그 아이를 점점 어른으로 만들어 줄 것입니다. 나이를 먹었다고 어른이 아닙니다. 어른답게 성장해야 어른이 됩니다. 글을 쓰는 것만으로, 당신은 어른이 됩니다.

그리고 어느새 부쩍 자라 어른이 된 당신에게는, 그동안 진심과 사랑을 담아 쓴 글이 차곡차곡 쌓여 있게 됩니다. 그렇게 쓴 글은 당신의 책이 되고, 그 책은 진실로, 진실로 세상을 밝히는 빛이 됩니다.

정말 책을 쓰고 싶지만 두려움과 원망, 슬픔과 분노들이 나아가려는 자신을 짓누른다면, 그 자체를 잘못되었다고 판단해서 포기하거나, 그 감정은 뒤로 한 채 다그치기만 하는 행동은 하지 말아주세요.

당신의 그 감정은 존중받을 필요가 있습니다.

06

끌나다
= 끌에서 새로 나다

나는 살기 위해
책을 쓴다

'왜 책을 쓰는 것이 나눔이지?'라는 질문을 스스로에게 던진 적이 있습니다. 그때 나에게는 '어차피 내 만족으로 쓰는 것이 아닌가, 결국 나를 위해서 살아야 한다고 했는데, 굳이 나누려고 할 필요가 있을까?'라는 의구심이 머릿속을 가득 채웠습니다.

맞습니다. 우리가 무엇을 하든 결국 내 만족, 나를 위한 것이 1순위가 되는 것은 그 누구도 부인할 수 없습니다. 사람들은 나 자신을 가장 1순위에 두고 상처받지 않으려 하고, 손해 보지 않으려 하며, 자신을 가장 돋보이게 하려고 하고, 남을 돕는 행위조차도 나 자신을 위한 무의식적 행위라는 것을 결국 깨닫게 됩니다.

그 때문에 나눔이라는 단어 앞에서 그러한 대답이 나오는 것은 지극히 정상적인 생각입니다. 하지만 개운치 못한 대답에 대한 해답을 찾기 위해, 시선을 돌려 마음을 조금만 더 깊이 들여다보겠습니다.

당신은 지금 책을 쓰려고 합니다. 혹은 쓰고 있습니다. 어떤 목적을 가지고 있든, 결국 내 만족을 채우기 위해 책을 씁니다. 그 만족의 기준과 목표는 각자 다르겠지만, 책을 쓰는 행위는 결국, 내가 나를 위해 해주는 선물, 앞에서 말한 'GIVING'의 'GIVE TO ME'를 실천하는 일입니다.

개인적인 목적을 가졌든, 공익적인 목적으로 쓰려고 했든, 더 깊게 들어가 보면 누구나 조금 더 잘 살고 싶고, 조금 더 마음을 편하게 가지고 싶고, 조금 더 사람들에게 인정받고 싶은 자신의 마음이 존재합니다.

처음 의도가 어떻게 되었든 간에, 책을 쓰는 과정에서 우리는 지극히 솔직해지고, 지극히 자유로우며, 나 자신을 직면하고, 환경적인 악습과 기틀을 깨어나가게 됨을 경험합니다. 그러면서 알게 됩니다.

'아, 나는 내가 살기 위해 이 책을 쓰고 있구나'

이것을 알아채는 순간, 나는 글을 쓰는 것을 멈출 수 없었습니다. 생각이 많은 내게, 글쓰기는 표현에 서투른 내가 표현을 하기 위해 글을 쓰며 드러냄을 익혀가는 행위였고, 진실로 나를 살리는 자기계발이었으며, 자기계발을 넘어 생존이었습니다. 단순히 일기를 쓰려고 했다면, 누군가에게 보이기 위한 글을 쓰는 데 그쳤다면, 나는 지금의 감정을 느낄 수 없었을 것입니다.

나는 살기 위해 글을 씁니다. '먹고 살기 위해'가 아닌 '생명'이라는 생기와 직결되어 있음을 나의 본능이 알려줍니다. 숨 쉬는 것만이 살아있음이 아닌, 진정으로 행복한 삶을 살아가는 것, 그런 하루하루를 살아가는 것이 진정한 살아있음을 글을 쓰면서 깨닫게 됩니다. 매 순간 살아있기 위해서는 내 머릿속 지식과 마음속 감정이 쌓이지 않고 흐르게 해야 합니다. 그러기 위해 나는 드러냅니다. 펼쳐냅니다.

처음 책을 쓰는 방법에 관한 책을 쓸 때만 해도, 나는 '어떻게 하면 잘 팔릴 수 있을까'에 대한 고민을 시작으로 일명 '책 쓰기 책'을 쓰기 시작했었습니다. 집필을 시작하고 원고는 금방 80% 이상 완성되었지만, 문득 정신을 차리고 원고를 바라보니, 얼굴이 화끈거림이 느껴졌었습니다. 책을 팔고자 하는 의도의 글들이 대부분이었으며, 즐겁게 쓰지 못한 나의 기운이 그대로 투영되어 있었기 때문입니다.

고민 끝에 모든 초고를 삭제하였습니다. 솔직히, 순간적으로 아까운 마음도 들었었지만, 이대로 출간이 되면 그 누구보다 나 자신에게 너무나 부끄러워 고개를 들 수 없을 것이 분명하였습니다. 때마침 나는 온몸이 마비당하는 '커다란 사고'를 겪게 되었습니다. 죽음의 문턱을 지나 그제야 나는 내가 행해야 할 진실을 알게 되었습니다.

'나 자신을 살리기 위한 책이야말로, 누군가를 진정으로 살릴 수 있는 책이 된다.'

그 이후 나는 모든 의도와 계획을 내려놓고, 머리가 아닌 가슴으로 글을 쓰기 시작했습니다. 시간이 어떻게 흐르는지도 모른 채 글을 쓰는 행위에 몰두했고, 그렇게 《하루 1시간, 책 쓰기의 힘》을 쓰게 되었습니다.

분명히 나를 위해, 내가 살기 위해 쓴 책이었습니다. 나를 살리기 위해 만든 책으로, 수많은 독자로부터 격려와 질문의 편지를 받았고 "내가 살아갈 이유를 찾았다.", "좋은 책을 써주어서 고맙다."는 분에 넘친 말을 듣게 되었습니다. 16년 2월에 출간한 책은 개정판으로도 출간되었고, 5년째 꾸준한 사랑을 받고 있습니다. 그리고 지금 이 책을 쓸 수 있는 단계가 마련된 고마운 책이 되었습니다.

지금도 나는 지극히 내가 살기 위한 책을 집필하고 있습니다. 그것이 당신을 살릴 수 있고, 당신의 책을 빛나게 해 줄 수 있는 길임을 잘 알고 있기 때문입니다. 그리고 이것이 바로 진정한 나눔임을 알게 되었기 때문입니다. 나를 위함이 무엇인지 알게 됨이, 나를 진정으로 위할 수 있게 됨이, 당신을 진정으로 위할 수 있게 됨을 알게 되어, 감사하고 감사한 마음입니다.

'아, 나는 내가 살기 위해
이 책을 쓰고 있구나'

갑자기,
죽음이 찾아오다

잠시 숨을 돌리고, 내가 글을 쓰게 된 이유이자, 인생의 커다란 전환점이 되었던 '커다란 사고'에 대해 이야기를 하려고 합니다. 대단하지도, 특별할 것도 없는 이야기지만, 인생을 바꾸는 전환점에 있는 당신에게 내 이야기가 조금이라도 힘이 되길 바라는 마음으로 조심스레 적어봅니다.

2014년 10월~11월 즈음, 아침으로 기억합니다. 휴일이라 오랜만에 어머니 집에 가기 위해 갈 채비를 하고 있었습니다. 샤워를 하고 나와서 드라이기로 머리를 말리는데, 드라이기를 쥔 오른쪽 어깨에 강한 통증이 느껴졌습니다. 점점 통증은 심해져 왔고, 내 어깨와 팔, 심지어 다리까지 마비 증세가 오기 시작했습니다.

얼마나 겁이 나던지, 이대로는 큰일 나겠다 싶었습니다. 지인을 불러, 가까운 병원으로 급히 가게 되었습니다. 당시 가게 되었던 병원은 그 지역에서도 꽤 큰 중형 병원이었습니다. 우선 무통주사를 맞고 여러 검사를 진행하게 되었습니다. 나는 평소에도 몸이 자주 아프고 허약했던지라, '별일 아닐 거야. 괜찮아지겠지'라는 생각으로 결과를 기다렸습니다.

시간이 지나자 담당 의사가 다가와 이렇게 말했습니다. "상태가 아주 좋지 않습니다. 급히 수술을 하셔야 하는데… 우리 병원에서는 너무 위험해서 손을 쓸 수가 없습니다. 더 큰 병원인 분당서울대병원으로 가시는 것이 좋겠습니다."

얼마나 겁이 나고 불안했는지 모릅니다. 도대체 뭐가 어떻게 되었길래, 나름대로 큰 병원임에도 왜 손을 쓸 수가 없다고 하는 것인지. 앞이 깜깜하고 덜컥 겁이 났었습니다. 두려웠고, 불안했습니다. 나는 열심히 산 죄밖에 없는데, 정말 하늘도 무심하다는 생각 말고는 아무 생각도 들지 않았습니다.

사람이 느끼는 가장 큰 두려움이 3가지 있습니다. 첫 번째, 돈의 상실, 두 번째, 죽음(건강의 상실), 세 번째, 타인의 시선. 퇴직 이후에 돈의 상실과 타인의 시선으로 인한 두려움을 뼛속 깊이 느꼈던 나로서는 마지막 볼모로 남아있던 두려움, 죽음의 그림자마저 가까이 다가오자, 그나마 이어갔던 삶의 의지마저 다 내려놓고 싶었습니다.

분당서울대병원으로 긴급 이송되어 입원한 후, 다시 걸을 순 있을 정도로 응급조치는 했지만, 의사가 말하길, 경추 디스크가 2개의 뾰족한 모양으로 뒤로 터지면서 중추신경을 뚫고 지나갔다며 반드시 수술이 필요하다고 말했습니다.

병원에서는 하루빨리 수술하지 않으면 사망에 이를 수 있다고 말했지만, 그 상황이 나는 믿기지 않았습니다. 모두 부정하고 싶었습니다. 의사의 충고를 뒤로 한 채, 목에 교정기를 끼고, 마치 미친 사람처럼 다른 용하다는 병원을 수소문하여, 찍었던 MRI를 가지고 다른 의사들을 찾아다녔습니다.

그때 내 심정은 나를 진료한 의사가 오진한 것이기를 바라는 희망 밖에, 다른 생각은 아무것도 들지 않았습니다. 그렇게 찾아간 몇 군데의 병원 의사들은 내게 이전에 분당서울대병원에서 들었던 말과 똑같은 말을 해 주었습니다.

"지금 이 상태로 돌아다니면 안 됩니다. 하루빨리 수술이 필요합니다."

결국 나는 이 사실을 받아들일 수밖에 없었습니다. 당시 일하던 회사에 전화를 걸어, 수술하게 되었으니 일을 잠시 쉬어야겠다고 이야기를 건넸습니다. 그런데, 그 순간 왜 그렇게 눈물이 나던지요. 핸드폰을 붙들고 나도 모르게 주저앉아 오열했습니다. 그 사실을 누군가에게 인정하여 전달하는 순간, 내 모든 희망이 사라져 버린 느낌이었습니다.

'열심히 살았는데, 죄가 있다면 조금 더 잘 살고 싶었던 것뿐인데, 나는 무엇을 위해 이렇게 치열하게 살아왔을까. 나는 무엇 때문에 이렇게까지 된 것일까. 내가 뭘 그렇게 잘못했다고, 하늘은 나를 버리는 것일까.'

그렇게 병원 정문 앞에 주저앉아 오열하며 한참을 울었던 기억이 납니다.

빠르게 응급 수술 날짜가 잡히고, 의사는 내게 가족들과 마지막 인사를 하고 수술실을 들어가라고 했습니다. 아직도 그때의 상황이 생생합니다. 평소 무뚝뚝하시던 아버지는 내 손을 잡고 눈물을 감추지 못하셨고, 어머니는 차마 나를 보지 못하시고, 보이지 않는 곳에서 계속 기도를 이어나가셨습니다.

하지만 왜인지 나는, 그 당시 어느 때보다 편안한 마음으로 수술실에 들어갔던 느낌이 지금도 생생합니다. '그래, 이제 끝이구나. 이렇게 죽는구나. 그래도, 더 이상의 괴로움은 없겠지'라고 생각하니 그 어떤 두려움도, 그 어떤 불안한 마음도 들지 않았습니다. 하나 아쉬운 것이 있었다면, '하지 못했던 것'에 대한 후회가 가슴에 남아 있었을 뿐이었습니다. 그렇게 나는 삶의 끈을 놓고, 수술실로 들어갔습니다.

선생님,
제가 천사를 봤어요

지금부터 들려주는 이야기는 믿지 못할 이야기일 수 있습니다. 한 번도 글로 드러낸 적이 없던 이야기이지만 직접 보았고, 느꼈던 그대로를 조금의 과장과 거짓 없이, 진실하게 써 내려가 보려 합니다.

큰 수술을 받는 환자들이면 누구나 그렇듯, 나는 전신 마취를 위해 숨을 몇 번 크게 들이쉰 후 잠이 들었습니다. 수술 시작 이후의 기억이 나지 않는 건 당연한 일이지만, 놀랍게도 나는 수술 이후에 깨어있는 경험을 했었습니다. 당연히 마취하기 위해 숨을 몇 번 들이쉰 것까지는 기억이 난 후 기억이 없어야 하는데, 나는 갑자기 눈이 떠졌습니다. 그것도 수술 중간에 말이지요. 절대, 있을 수 없는 일이고 믿을 수 없는 일인 것을 압니다. 나중에 알고 보니 눈은 테이프로 가려져 있었다고 하니, 더더욱 믿을 수 없는 일이 벌어진 것입니다.

'눈을 뜨고 있는 나'는 의사 세 분과 간호사 두 분이 수술실에서 내 몸을 수술하는 것을 보고 있었습니다. 신기했던 것은 그들이 나누었던 이야기들이 들렸고, 내가 애써 그들과 눈을 맞추려고 해도 그들은 나를 보지 못했습니다. 잠시 잡담을 하고 있는 레지던트 의사 두 분에게, 집도의 선생님이 "누가 수술 시간에 떠드나. 집중해!"라고 혼을 내시는 장면을 보고 들을 정도로 너무나 생생했습니다. 나를 수술하는 장면을 직접 보고 듣게 된 것입니다. (수술 후 선생님께 물어보니, 실제로 있었던 일임을 확인하며 서로 놀랐던 기억이 납니다.)

그때 느꼈던 감정이 정확히 기억납니다. 마치 아이가 놀이터에서 온종일 뛰어놀 때 느끼는 감정, 아니 그 이상으로 너무나 재미있고 신이 났었습니다. 나를 수술하는 의사 선생님과 간호사 선생님을 바라보고 있는 그 상황 자체도 정말 신기하고 재미있었습니다. 지금도 그 장면을 회상하면서 나도 모르게 웃음이 배시시 배어 나올 정도로, 그때의 감정은 태어나서 단 한 번도 느껴보지 못했던 즐거움, 신남, 그 이상의 감정이었습니다.

수술이 진행되고 있는 동안 나는 계속 누워 있었습니다. 그리고 무심코 천장을 바라보니 믿을 수 없는 광경이 펼쳐졌습니다. 넓은 수술실의 천장이 가득 채워질 정도로 커다란 날개 하나가 천장을 뒤덮고 있었습니다.

그 날개는 눈보다 더 하얗고, 아름다운 빛을 지니고 있었습니다. 마치 새처럼 깃털이 있었고, 깃털 하나하나가 살아 움직이는 것 같은 착각을 줄 정도로 영롱하고 신비로웠습니다. 그리고 그 날개는 계속해서 천장에 붙어 날갯짓을 하고 있었습니다.

여기까지 내 이야기를 읽은 당신은 나를 향해 '미친 사람이구먼'이라고 생각할 수 있습니다. 나 역시도 한동안은 이것이 나의 착각이지는 않았을까에 대해 의심했었습니다. 하지만 나는 분명히 경험했고, 그 장면은 지금도 내 눈앞에 있는 것처럼 생생합니다. 최대한 자세히 설명하며, 이야기를 이어가겠습니다.

커다란 날개가 천장을 덮은 이후, 커다란 날개보다 1/10 크기의 작은 날개 수십 개가 어디선가 나타나, 수술실로 날아 들어왔습니다. 그리고 그들은 커다란 날개가 미처 뒤덮지 못한 천장의 빈 공간들을 하나씩 메꿔가며 자리를 잡았습니다. 천장을 가득 메운 커다란 날개와 수십 개의 작은 날개들은 지금까지도, 어디에서도 보지 못한 엄청난 광경이었습니다.

지금도 그 장면이 생생히 기억납니다. 혹자들은 그 장면이 꿈일 것이라고 말하지만 보통 우리는 잠이 깬 후, 꿈과 현실을 정확히 구별해냅니다. 어느 것이 꿈이고, 어느 것이 현실인지 구분할 수 있습니다. 그리고 나는 그것이 꿈이 아님을 정확히 인지하고 있습니다.

당시 날개를 바라보며, '도대체 저게 뭐지?'라는 생각을 하면서도 '아, 내가 죽나보구나'라며 대수롭지 않게 웃으며 쳐다봤던 기억이 납니다. 지금 생각해보면 정말 말도 안 되는 장면이지만 그 당시의 나는 마치 갓난아기와 같이 그 자체를 온전히 믿고 바라보았습니다.

그렇게 천장을 바라보던 나는 다시 눈이 감겼고, 또다시 눈을 떠 보니 수술이 끝난 후 회복실로 가고 있는 침대 위였습니다. 내가 누워있는 환자 침대를 잡고 왼쪽에 서서 회복실을 들어가기 위해 기다리고 있는 간호사의 소매를 잡아끌었습니다. 그녀는 "벌써 일어나셨어요? 많이 아프시죠?"라고 말했고, 나는 이에 조그마한 목소리로 대답했습니다.

"선생님, 제가 방금 전에 천사를 봤어요."

가히 미친 사람이 하는 말이거나 마취가 덜 깬 사람이 하는 말이려니 생각하고 무시할 수도 있었겠지만, 간호사는 친절한 표정과 목소리로 "그러셨어요? 신기하셨겠네요."라고 내 말에 응수해주며 아프진 않은지, 마취 상태는 어떤지 물어보고는, 목소리는 아직 내면 안 되니까 이따가 이야기를 더 해달라며 나를 회복실로 데려갔습니다. 다시 생각해도 정말 믿을 수 없는 일이었고, 그때 느꼈던 감정은 세상에서 느낄 수 있는 감정이 아니었습니다.

7시간 반에 걸친 수술은 성공적이었습니다. 주치의 선생님은 회복을 위해 병실에 누워있던 내게 수술이 매우 잘되었으나, 수술로 인해 불가피하게 절단되었다가 봉합된 성대는 제 목소리를 찾기 힘들 것 같다며 쉰 목소리 혹은 최악의 경우 목소리가 아주 작게 나올 수도 있다고 말했습니다. 그뿐만 아니라 경추 뼈에 이식된 두 개의 스테인리스 장치는 정도의 차이가 있을 뿐, 목의 행동반경을 제어하여 장애가 올 수 있으니 마음의 준비를 하라며 조심스레 이야기를 건넸습니다.

그렇게 한 달이 지나고, 나는 퇴원을 하게 되었습니다. 퇴원 이후에도 3달 이상 목 보호대를 차고 있어야 했고, 누가 봐도 정상적인 상태가 아니었으나, 이상하게도 나는 크게 아프지 않았고, 미성이었던 목소리는 중후한 목소리로 바뀌었으며, 몸의 체형 또한 마른 체형에서 보기 좋은 건장한 체형으로 변해갔습니다.

중간 점검을 받으러 병원 진료를 하러 갈 때도, 주치의 선생님은 고개를 갸웃거리며 정말 믿을 수 없을 정도로 상태가 호전되고 있다고 말했습니다. 그 일로 많은 것이 바뀌었지만, 무엇보다 내 마음이 완전히 달라졌음을 느낄 수 있었습니다. 항상 두려움에 매인 상태로 나의 행동을 제대로 선택하지 못했던 과거의 삶에서 벗어나기 시작했음을 느낄 수 있었습니다. 그러던 어느 날, **내 인생을 완전히 바꾸게 된 한 마디**를 통해, 나는 새로운 인생을 선택하였고, 작가의 길을 걷게 되었습니다.

항상 두려움에 매인 상태로 나의 행동을 제대로
선택하지 못했던 과거의 삶에서 벗어나기
시작했음을 느낄 수 있었습니다. 그러던 어느 날,
내 인생을 완전히 바꾸게 된 한 마디를 통해,
나는 새로운 인생을 선택하였고, 작가의 길을 걷게
되었습니다.

당신의 하루는 당연하지 않다

마지막 진료 차, 병원에 간 날이었습니다. 그날 주치의 선생님은 나의 상태를 점검한 후, 이번 치료를 위해 더 올 필요는 없고, 1년마다 한 번씩 예방 차 검사를 받자고 하시면서, 병원 졸업을 선언해 주었습니다. 그 선생님은 내게 마지막으로 건넬 말이 있다면서 다음과 같이 말했습니다.

"내가 이제까지 30년 넘게 의사 생활을 하면서, 의학적으로 설명할 수 없는 3명의 환자가 나를 거쳐 갔습니다. 그중에 한 명이 내 앞에 있는 당신입니다. 세상은 의학적으로도, 상식적으로도 설명할 수 없는 부분들이 많다는 걸 나는 보아왔고, 그리고 그들이 어떻게 살아야 하는지도 알게 되었어요. 내가 그들을 통해 알게 되었고, 그들에게 해주었던 말을 당신에게도 해줄게요." 그리고 건넨 그의 말은 내 삶을 바꾸는 중요한 한 마디가 되었습니다.

"앞으로는, 당신의 하루가 덤으로 생겨났다고 여기세요."

그는 내가 이미 죽거나 심한 장애가 와도 이상할 것이 없었던 상태였으며, 설상가상 목소리가 좋게 바뀌고, 체형이 건장하게 바뀔 정도의 신체적 변화까지 온다는 것은, 조금도 예상하지 못했던 상황이었다고 말했습니다. 내게 주어진 하루는 그야말로 '덤'이라는 설명이었습니다.

병원에서 돌아오는 길, 나는 내 안에 있던 모든 짐과 어둠, 두려움이 내 머리 위를 통해 모두 빠져나가는 기분을 느꼈습니다. 그리고 앞에서 말했던 3가지 두려움이 단번에 사라지는 신기한 느낌을 받았습니다. 마치 마음속 깊은 곳에 있었던 찐득한 타르 같은 검은 두려움들이 하나도 남김없이 도려내진 느낌이었습니다.

호기롭게 직장에 사표를 던진 후, '잘 되길 바라'는 시선보다는 '잘 되나 보자' 하고 나를 견제하던 눈빛들로 가지게 되었던 '타인의 시선'에 대한 두려움이 사라지고, 퇴직 후 찾아온 빚의 무서움과 돈의 결핍으로 인해 정상적인 행동마저 제약받게 되었던 '돈의 상실'에 대한 두려움이 사라졌으며, 보이지 않았기에, 볼 수 없었기에 공포가 되었던 '죽음'에 대한 두려움까지, 이 모든 두려움이 사라졌습니다.

고요하고, 평안(平安)했습니다. 말 그대로 평평하게 바로 서서, 편안한 상태로 이 세상에 놓여 있음을 온 몸과 마음으로 느낄 수 있었습니다. 돈을 벌어야 한다는 생각과 이미 11년간의 직장생활을 뒤로 하고 돌아갈 곳이 없다는 두려움이 나 자신을 감옥에 갇히게 했으며, 내가 원하는 대로 살 수 없다는 속임수에, 스스로를 빠져들게 만들었습니다.

그것은 나에게 독이 되는 행동이기도 했지만, 나를 바라보고 있는 모두에게도 독이 되는 행동이기도 했습니다. 멈춰야 했지만 이미 내 삶은 '돈을 벌어야 하는 것'에 맞춰져 있었기 때문에, 더 성공하고 더 올라가야 한다는 압박감 속에서 두 눈을 가리고, 나와 주변을 망치는 행위에 동조하고 있었습니다. 그렇게 나의 몸과 마음은 병들어가고 있었던 것입니다.

신은 질병을 통해 신호를 준다고 했습니다. 그 누구의 탓도 아닌, 나 자신을 감옥에 밀어 넣었던 내게, 죽음을 느끼게 한 질병이라는 신호를 주셨고, 나는 이를 통해 새로운 삶을 얻게 되었습니다. 그렇게 죽음은 고통이 아닌, 새로운 시작을 가져왔습니다.

모든 것을 내려놓게 만들었던, 그 사고 이후 도리어 나를 지배하고 있던 두려움이 걷히고, 나는 나 자신에게 '내가 원하는 것을 선택해도 괜찮다'고 말해주었습니다. 때와 결과는 바라지 말고, 그것을 선택하고 실행만 하면 된다고, 그래도 괜찮으니 두려워하지 말라고 말해주었습니다.

이후 나는 '책인사'를 만났고, 작가가 되었습니다. 또다시 성공에 대한 왜곡된 기준과 의식 그리고 아집, 돈에 대한 결핍과 타인의 시선에 대한 두려움 등이 나를 수없이 되찾아왔지만 나는 그런 위기 때마다, 내 인생을 바꾸게 된 한 마디, '내 하루는 덤이다'를 되뇌며 나의 중심을 찾아가기 위해 끊임없이 노력했습니다.

그렇게 나는 '작가'라는 이름을 부여받았습니다. 작가로서 사는 것이 무엇인지 알아가는 일련의 과정을 통해, 나는 매일 글을 쓰는 것만이 덤으로 받은 나의 하루를 가장 값지게 만들 수 있음을 깨달았습니다.

나는 하루 1시간 책을 쓰기 시작하면서, 나의 하루를 가치 있게 만들게 되었습니다. 그 하루의 가치는 내 삶의 중심을 잡고, 내게 더 많은 선물과 행운을 끌어다 줍니다. 하려 하지 않아도 행해지는 기적이 매일 일어납니다. 내 하루는 덤으로 받은 선물이기에, 나는 매일, 오늘이 마지막인 것처럼 글을 쓸 수밖에 없습니다.

그래서 나는 하루 1시간, 글을 씁니다. 이를 통해 나는
나의 하루를 가치 있게 만들게 되었습니다. 그 하루의
가치는 내 삶의 중심을 잡고, 내게 더 많은 선물과
행운을 끌어다 줍니다. 하려 하지 않아도 행해지는
기적이 매일 일어납니다. 그래서 나는 매일, 글을 쓸
수밖에 없습니다.

글쓰기의 시작, 아버지에게 썼던 편지

글을 쓰게 된 또 하나의 전환점이 있습니다. 두 번째 나의 이야기를 꺼내볼까 합니다. 나에게는 오랜 시간 잊을 수 없었던, 그 누구에게도 함부로 이야기할 수 없었던 트라우마가 있었습니다. 그것은 바로 '가난'이었습니다. 더욱 끔찍했던 것은, 어느새 가난이 익숙해져 버린 나 자신을 발견했을 때였습니다. 습한 단칸방, 찢어진 장판, 바퀴벌레와 개미 떼, 가족들 간의 고성, 꽉 찬 짐들…. 어느 한 순간 변해버린 나의 삶이 처음에는 처참했지만, 점점 그 삶에 익숙해져 가는 나 자신을 볼 때가 가장 힘이 들었습니다.

생선가게에서 일하고 돌아온 어머니의 몸에서 생선 비린내가 날 때면, 고생한 어머니를 위로해주지는 못할망정 짜증을 먼저 내게 되었습니다. 단돈 100원, 1,000원을 얻는 것에 급급해졌고, 점점 말이 없어졌고, 어두워가는 낯빛이 당연한 사람이 되어갔습니다.

어려울 때일수록 뭉쳐야 했던 가족이지만, 당연히 가족들 간의 관계도 좋아질 수가 없었습니다. 부모님을 원망하며 지내왔던 시간도 길어졌습니다. 그렇게 나는 고등학교를 졸업하자마자, 조그마한 지하 자취방을 얻어 생활하게 되었고, 안 그래도 소원했던 부모님과의 관계는 점점 더 멀어져갔습니다. 특히, 당시 내 마음속의 아버지는 '우리 가족을 불행으로 몰아세운 장본인'이었기 때문에 아버지에 대한 분노와 원망은 날이 갈수록 쌓여만 갔습니다.

그렇게 찾아온 가난은 시간이 갈수록 나아지기는커녕, 더욱 어려운 상황으로 몰아세웠습니다. 집안을 조금이라도 살려놓고 입대를 하려던 생각은 완전히 틀어졌고, 결국 남들보다 훨씬 늦은 나이에 군에 입대하게 되었습니다. 군에 입대한 후, 우리 가족은 이제까지 겪어보지 못했던 최악의 상황을 맞이하게 됩니다.

나와 동생이 입대한 마당에, 아버지가 경제 사범으로 구속 수감되어 어머니 혼자 남게 되는 일이 생겨난 것입니다. 군 생활을 1년 정도 남겨놓은 시점, 일어났던 일이었습니다. 당시, 탈영하고 싶을 정도로 괴로웠던 기억이 납니다. 매일 눈물로 밤을 지새우며 내게 일어난 일들을 탄식하였습니다. 아무리 원망했던 아버지였지만, 정작 교도소에 수감되었다는 소식을 접한 뒤, 매일 끓어오르는 안타까움과 그리움을 멈출 수가 없었습니다.

당시 서울 강동 경찰서에서 의무경찰로 복역했던 나는, 2~3개월에 한 번씩 1박 2일, 혹은 하루 정도의 외출이 허락되었습니다. 그때마다 나는 아버지가 복역 중이던 의정부 교도소에 찾아갔습니다. 당시 의정부 교도소의 시설은 매우 열악했습니다. 내부 시설은 정확히 알 수 없었지만, 면회 시설은 그야말로 낡고 폐쇄적이었습니다. 영화에서 보듯이 깨끗한 아크릴판 넘어 재소자와 수화기로 통화하는 그런 시설이 아니었습니다. 매우 두꺼운 아크릴판을 두고, 서로 크게 소리를 질러가며 이야기를 나눠야 했습니다.

한 번씩 바로 옆 면회실에서 "아들아!", "여보!"를 부르며 엉엉 우는 재소자 가족의 통곡 소리가 들릴 때면, 안 그래도 다닥다닥 붙어있는 면회실 시설 사정상 아버지와 정확한 대화는 포기할 수밖에 없었습니다.

처음 아버지 얼굴을 마주했을 때가 기억납니다. 수형복을 입은 아버지의 모습이 아직도 생생합니다. 무척이나 힘들어 보였고, 애써 웃어 보이려 하는 모습이 내 마음을 더욱 아프게 만들었습니다. 그토록 원망했던 아버지였지만, 내가 원망했던 건 아버지가 아니라, 가난이라는 상황이었음을 깨닫게 되었습니다. 내게는 원망할 대상이 필요했고, 그렇게 아버지에게 나의 답답함과 화를 투영했던 것입니다.

끝까지 눈물을 참으며 첫 면회를 마치고, 아버지의 뒷모습이 사라진 것을 확인한 후, 복도에서 미친 사람처럼 통곡했던 기억이 납니다. 그곳에서는 그렇게 울고 있는 사람의 모습이, 이상해 보이는 곳이 아니었기에 정말, 목 놓아 울었던 기억이 납니다.

면회 시간은 5분 남짓이었습니다. 안 그래도 잘 보이지 않고, 잘 들리지도 않는 상황에서의 5분이라는 시간은 무척이나 짧고 아쉬웠기에, 이에 대한 방책으로 교도소 측에서는, 면회소에 A4 크기만 한 회색 갱지와 펜을 구비해놓았었습니다.

어느 날부터 나는 면회를 마친 후 항상, 회색 갱지에 아버지에게 드리는 편지를 쓰기 시작했습니다. 못다 한 말들을 적어보고 싶었습니다. 5분이라는 짧은 시간과 열악한 상황에서 못다 한 이야기를 나누고 싶었습니다.

1시간 남짓 적어간 편지는, 촘촘한 줄 위에 내려쓰기 없이 쓰인 글임에도 불구하고, 6~8페이지씩 꽉꽉 채워 사식과 함께 아버지께 전달되었습니다. 그때는, 평소 아버지와 대화도 없던 내가, 어떻게 그 많은 양의 이야기를 적었는지 알지 못했었습니다. 하지만 작가로서 글을 쓰고 있는 지금, **그때 내가 썼던 편지야말로 진정한 글쓰기의 시작이었음을** 깨닫게 되었습니다.

머리가 아닌
가슴으로 쓰다

당시 편지에 어떤 내용을 썼는지 기억을 더듬어보면, 그다지 중요한 내용은 없었습니다. 대부분의 내용이 나의 일상에 대한 내용이었고, 아버지에게 하고 싶었지만 하지 못했었던 내 마음에 있던 말들이었습니다.

'아버지, 이 편지 보실 때면 뭐 하고 계실까요. 저녁은 꼭 챙겨 드셔야 해요. 오늘 아침에는 미역국을 먹었어요. 미역국이 너무 짜서 먹기 힘들었지만 누군가의 생일이어서 나온 음식이라, 감사한 마음으로 다 먹었어요. 국물이 짜다 보니 밥을 평소보다 더 많이 먹었어요. 온종일 얼마나 배가 부르던지, 이후에 간식이 나왔는데 그건 먹지도 못하고, 제 후임에게 줬어요. ……'

'아버지, 기억하시죠. 제가 어릴 때 동해안으로 놀러 갔을 때, 아버지께서 저를 등에 업고는 수영만으로 꽤 먼 거리에 있는 섬까지 가셨잖아요. 해수욕장이 점점 멀어질수록 겁도 났지만 아버지 등이 얼마나 넓고 단단하던지, 아버지 등에 폭 안겨서 바다 위를 헤쳐 갔던 기억이 생생해요. ……'

'아버지 회사가 부도나고, 어머니가 남의 집에 일하러 가시고, 저와 동생도 돈을 벌기 위해 일을 해야 했을 때, 아버지를 정말 많이 원망했었어요. 아버지도 우리 가족을 위해서 열심히 일하셨을 텐데, 그때 가장 힘들고 외로운 사람은 아버지였을 텐데, 저는 무조건 우리 가족을 힘들게 만든 사람이 아버지라고만 생각했었어요. 아버지를 안아드리지 못했어요. 죄송해요. 그리고 이 말을 꼭 하고 싶었어요. 아버지 사랑합니다. ……'

그저, 아버지에게 내 일상을 세세히 적어서 알려드리고 싶었습니다. 나의 기억을 정확히 전달해드리고 싶었고, 나의 감정을 솔직하게 말하고 싶었습니다. 지금 와서 보니, 지금 내가 쓰고 있는 글쓰기도 그때의 편지와 다를 것이 없었습니다. 비록 평범해 보일지라도, 누군가는 공감하고 필요할 수 있는 일상의 기록, 지금 쓴 글과 같이 내 기억 속에 숨겨져 있었던 경험의 가치, 솔직하고 투명한 내 감정의 전달…. 20대의 청년이었던 내가 아버지에게 썼던 편지와, 40대의 중년이 되어 당신에게 써 내려가는 이 글이, 똑같다는 것을 알게 되었습니다.

"머리가 아닌 가슴으로 쓴다."

나는 이 말을 참 좋습니다. 그리고 지금 이 순간, 당신에게 글을 쓰고 있는 내 가슴은 그 어느 때보다 따뜻하고 두근거립니다. 내 가슴으로 쓴 이 글이, 당신의 가슴을 움직이길 바랍니다. 그렇게 쓰인 당신의 글이, 작지만 커다란 한 권의 책이 되어, 또다시 누군가의 가슴을 움직여주길 진심으로 바랍니다.

07

말, 글, 책

인간에게만 주어진 3가지 선물

우리가 살고 있는 이 시대는 '디지털 시대'입니다. 거의 모든 것이 디지털로 이루어져 있습니다. 스마트폰, 냉장고, 노트북, 전등, 이제는 자동차까지 모든 것이 디지털화 되었습니다. 디지털은 편합니다. 터치 하나만으로 원하는 것을 쉽게 얻을 수 있기에, 디지털은 우리의 삶을 더욱 편하게 만들어 주었습니다.

디지털 신호는 단 두 가지로 이루어져 있습니다. 0과 1. 예를 들어 전원을 켜는 것이 0이라면 끄는 것은 1, 스마트폰 화면을 터치하는 것이 0이라면, 홈 화면이 나오는 것은 1, 홈 화면의 앱을 터치하는 것이 0이라면 앱이 실행되는 것은 1, 이런 식으로 끊임없이 0과 1이 반복되는 구조가 바로 디지털 신호입니다.

반면 아날로그는 어떨까요. 0과 1 사이에 수많은 숫자가 존재합니다. 예를 들어 0.1, 0.2, 0.3이 있습니다. 그뿐일까요. 0.12523765

처럼 수많은 숫자를 행위자 스스로가 선택할 수 있습니다. 디지털이 0과 1의 유효한 선택군 속에서 존재하는 점이라면, 아날로그는 그 점들을 잇는 선과 같습니다. 그리고 그 선은 당신이 직접 긋고 모양을 만들 수 있습니다. 아날로그는 행위자의 역할이 지대한 영향을 미치게 되는 구조로 되어 있습니다.

아시다시피 인간은 디지털의 구조로 되어 있지 않습니다. 인간이 디지털을 만들었을 뿐입니다. 인간은 아날로그이기에 디지털을 만드는 선택을 할 수 있었습니다. 하지만 존재 자체만으로 아날로그인 인간은 디지털 구조에 잠식당해 대부분의 일상이 디지털에 종속된 삶을 살고 있습니다.

햇빛이 아닌 알람이 울리면 잠에서 깨어나고, 스마트폰의 SNS, 메시지 알림에 즉각 반응하고, 언제 어디서나 E-MAIL과 업무 파일을 주고받고, 배가 고픈지 여부와 관계없이 시간에 맞춰 점심을 먹고, 시간에 맞춰 휴식하는 0과 1, 디지털 구조의 삶을 영위해 나가고 있습니다.

우리는 돈을 벌기 위해, 생계를 유지하기 위해, 내가 가진 것을 유지하기 위해, 더 많은 것을 가지기 위해 살아온 시간이 많았습니다. 아날로그적 사고에서 벗어나 디지털적 사고에 머물러 스스로가 아날로그 인간이라는 사실을 망각한 지 오래입니다. 이제는 일어나야 합니다. 생각을 고치고, 의식을 깨워야 합니다. 우리는 아날로그적 선택과 의지가 있는 존재임을 깨달아야 합니다. 그러기 위해서는 우리 인간이 가진 독보적 아날로그가 무엇인지 알아야 합니다. 이것은 3가지 단계에 걸쳐 주어졌습니다.

첫 번째 단계, '말'입니다.

인간은 소리를 넘어 의미를 가진 언어를 통해 서로에게 의사를 전달하고, 감정과 생각을 나눕니다. 의미 없는 소리가 아닌 말로서 인간들끼리 소통할 수 있음은 대단한 축복이며, 신비 그 자체입니다. 감정과 생각은 동물들도 가지고 있습니다. 그러나 감정과 생각을 말이라는 언어를 통해 표현하는 일차적 행위를 하는 존재는 오직 인간뿐입니다.

두 번째 단계, '글'입니다.

인간은 말로 전달되지 않는 것들을 글로 전달하기 시작했습니다. 흔히, 말로 전달하기 힘든 것을 편지로 써서 보냈을 때, 내 마음이 더욱 잘 전달되었던 경험이 있었을 것입니다. 혹은 말로 설명하기 어려운 것들을 글로 자세히 풀어주었을 때 더욱 이해하기 쉽고 명쾌하게 와 닿았던 경험 또한 있을 것입니다. 또한 역사적으로 보면 글은 말을 기록하는 형태로 사용되어 왔습니다. 휘발되어버리는 말의 특성을 보완하기 위해, 기록으로 남기는 글의 속성을 이용했던 아주 지극히 정상적인 흐름이 아니었을까 싶습니다.

이처럼 글은 말을 대신하는 것을 넘어, 말로 표현하기 어려운 것들, 전달하기 위해 기록해야 하는 말들을 표현하는 도구로 인간에게 주어졌습니다.

세 번째 단계는 '책'입니다.

AI가 아무리 발달하더라도, 기술이 아닌 감정과 생각을 담아 인간의 글을 표현하기는 힘들 것입니다. 인간은 자신만의 고유성을 가지고 있기 때문입니다. 자신의 생각과 감정, 의견과 정보들을 담아 자신만의 고유한 글의 형태로 사람들과 소통하는 것, 그것이 바로 '책'입니다.

책은 완벽한 아날로그 제품입니다. 책을 통해 우리는 글을 다수의 사람들에게 전달하게 됩니다. 글을 기록하는 도구가 자신의 노트, 메모장, 스마트폰 등이 될 순 있지만, '책'으로 출간함을 목적으로 쓴 글과 일기장처럼 끄적인 글은 서로 다른 파장을 지니게 됩니다. 전달할 것이냐, 혼자 끄적일 것이냐의 차이는 상당히 큽니다.

정보와 사건, 생각과 의견 등을 담은 글의 기록을 다수에게 전달하는 가장 획기적이며, 가장 영향력 있는 도구, 그것이 바로 책입니다. 이것이 인간에게 주어진 독보적 아날로그이며, 하늘이 인간에게 준 선물입니다.

'말과 책' 그 중심에 있는 '글'

글은 책으로 펼쳐질 때 가장 강력한 힘을 가지게 되는 속성을 지니고 있습니다. 그리고 책으로 전달하고자 하는 생각으로 글쓰기를 시작할 때 '작가'라는 이름으로 한 문장, 한 문장을 써 내려갈 수가 있습니다.

《하버드 수재 1,600명의 공부법》의 저자 리처드 라이트(Richard Wright) 교수는 "하버드 학생들이 4년 동안 가장 신경 쓰는 분야가 바로 글쓰기다. 그들은 하버드가 요구하는 필수 프로그램을 통해 글쓰기 능력을 배양시킨다. 자신의 생각을 글로 표현할 줄 아는 능력은 대학 생활은 물론 직장에서도 가장 중요한 성공 요인이다."라고 말했습니다.

하버드 대학은 1872년부터 글쓰기 프로그램을 진행해왔으며, 미국에서 가장 오래된 글쓰기 프로그램을 가지고 있다고 합니다.

이 프로그램을 익스포스(Expos)라고 부르는데, 이는 Expository Writing Program, 즉 '논증적 글쓰기 프로그램'이라는 뜻입니다. 하버드의 전통이라 불리는 이 프로그램은 하버드에 입학하면 누구나 수강해야 하는 필수 과목입니다.

하버드가 이렇게 글쓰기 능력을 배양하려는 데에는 한 가지 중요한 이유가 있습니다. 프로그램 명칭에서도 볼 수 있듯이 논증, 즉 입증하기 위한 가장 중요한 수단이 바로 글쓰기임을 알고 있기 때문입니다. 글쓰기만큼 자신의 생각과 의견을 직접적으로 '표현'할 수 있는 도구는 없음을 보여주고 있습니다.

나와 당신을 포함하여, 주변을 둘러보면 말과 행동으로 자신의 생각과 의견 그리고 감정을 또렷이 나타낼 수 있는 사람은 그리 많지 않습니다. 하지만 글로 나타내는 표현은 사뭇 다릅니다. 글은 인간이 가진 가장 강력한 자기표현의 힘을 지니고 있습니다. 글을 통해서 자기 생각과 의견을 가장 솔직하게 나타낼 수 있습니다.

감정과 생각이 말이라는 언어가 되고, 말이 글이라는 문자가 되고, 글을 전달하기 위해 책이 되는 역사적 흐름을 거쳐 왔습니다. 그리고 세 가지 아날로그의 힘을 모두 가지게 된 현대사회에서의 글은, 말과 책의 표현력과 전달력을 판가름 짓는 가장 중요한 기준이자 척도가 되었습니다. 이유는 단순합니다. 말, 글, 책 모두가 표현을 위한 도구로 사용되고 있음은 분명하지만, 그 표현의 중심에는 글이 자리 잡고 있기 때문입니다.

글은 드러냄을 거쳐 설명하기 그리고 표현하기까지의 단계를 거쳐 갑니다. 표현은 인간의 가장 기본적인 욕망이며, 가치입니다. 인간은 자신이 알게 되었거나 가지게 된 것들을 나누려는 본능을 지니고 있습니다. 그것이 삶을 보람되게 만들고 가치 있게 만들며, 스스로를 성장시키는 요인임을 잘 알고 있기 때문입니다.

무엇보다 글은, **자신의 솔직한 생각과 의견을 나타내는 '진실' 그 자체여야 합니다.** 감정이 섞이지 않아야 합니다. 의도가 섞이지 않아야 합니다. 약점과 실수를 숨기기 위한 포장지가 되어서도 안 됩니다. 다른 사람의 경험과 생각을 옮기는 데 그치는 글쓰기는 아무런 의미가 없는 행동입니다.

표현과 전달을 위한 측면에서 보았을 때, 글이 바로 서지 않으면 말도 중언부언하게 됩니다. 글이 없으면 책으로 출간할 수도 없습니다. 요즘 강의하시는 분들이 많습니다. 책을 출간하기 위해서 상담을 요청하는 많은 강사 중 대다수가 자신만의 고유 콘텐츠가 없는 것을 아쉬워하는 모습을 많이 봐 왔습니다. 이 또한 자신만의 글이 없기에 말(강의)의 힘이 없어지고, 책 출간 또한 엄두도 내지 못하게 되는 것입니다.

작가가 될 것인가,
책을 출간한 사람이 될 것인가

글을 통해 자신을 표현하는 도구 또한 많이 생겨났습니다. 블로그, SNS 등을 통해 많은 사람이 거침없이 자기 생각을 표현하고 있습니다. 때론 악플과 같은 부정적인 면도 부각되고 있지만 글을 통해 표현하고 해소하는 과정에서, 보다 성숙해지는 단계라고 생각합니다.

글을 쓰다 보면 누구나 결국에 다다르는 생각이 있습니다. 블로그, SNS를 통해 사람들에게 쓴 글들이 생각보다는 가치 있게 전달되지 않다는 것을 알게 됩니다. 점점 더 말하고 싶은 것이 많아지고, 알려주고 싶은 것이 많아지는데, 좀 더 효과적으로 가치 있게 내 생각과 의견, 경험적 깨달음을 전달할 수 있는 방법을 고민하다 보면 결국 다다르게 되는 도구가 바로 책입니다.

죽기 전에 한 번은 해봐야 할 버킷리스트로, 사업을 성장시키거나 성공적인 창업을 시작하기 위한 도구로, 전문성을 강화하기 위한 방편으로, 정말 다양한 이유로 책을 쓰려고 합니다. 책은 글쓰기의 가장 궁극적인 종착점이며, 자기 생각과 의견, 신념을 알리는 데 있어 가장 효과적이고 파급력이 강한 도구임이 분명하기 때문입니다. YOUTUBE, TIKTOK과 같은 영상 플랫폼 시대가 왔다고는 하지만, 완벽한 아날로그 플랫폼인 책이 여전히 사랑 받는 이유입니다.

책을 쓰는 사람들이 많아졌고 쉽게 책을 출간할 수 있는 시대에 살고 있습니다. 문제는 책을 출간하는 것이 '쉬워졌다'라고만 생각하는 것에 있습니다. 나는 자신만의 경험적 가치를 빛나게 하기 위해 누구나 글을 써야 하고, 그 글들이 책으로 출간되어야 한다고 생각합니다.

하지만 책 출간이 글을 쓰는 것보다 앞선 목적이 되어서는 안 됩니다. 책을 '출간' 하는 것에만 초점을 두어서는 안 됩니다. 책을 출간하는 동시에 당신에게 붙는 이름, '작가'라는 이름에 대한 무게와 가치에 대해 반드시 먼저 생각을 해봐야 합니다. 스스로에게 물어보세요.

'나는 작가로서 글을 쓰고 있는가, 아니면 책을 출간하기 위해 글을 쓰는가.'

작가라는 이름은 책을 출간한 이후 부여받는 이름이 아닙니다. 책을 쓰기로 결심한 순간 부여받는 이름입니다. 만약 당신이 작가가 아닌, 단순히 책을 출간하고 싶은 한 사람으로서 글을 써 내려간다면, 그 글들은 독자들과의 소통 창구가 되지 못함은 물론, 책을 쓰는 동안의 당신의 수고와 노력을 헛되게 만들 수도 있습니다. 잊지 마세요. 당신은 작가입니다. 지금 이 책을 보면서, 나와 소통하고 있는 당신은 독자를 넘어 이미 작가로서 이름을 가졌습니다.

하지만 책 출간이 글을 쓰는 것보다 앞선 목적이
되어서는 안 됩니다. 책을 '출간' 하는 것에만
초점을 두어서는 안 됩니다. 책을 출간하는 동시에
당신에게 붙는 이름, '작가'라는 이름에 대한 무게와
가치에 대해 반드시 먼저 생각을 해봐야 합니다.
스스로에게 물어보세요.
'나는 작가로서 글을 쓰고 있는가, 아니면 책을
출간하기 위해 글을 쓰는가.'

세상에서 가장 동기부여가 되는 책

이 책을 쓰는 지금, 나는 많은 변화를 겪고 있습니다. 그것도 작은 변화가 아닌 '대변화'가 일어나고 있습니다. 변화는 불편한 것입니다. 왜냐하면 지금까지 정해진 자신만의 틀을 깨뜨려버리는 수고와 어색함, 부끄러움, 수치심 등을 감수해야 하기 때문입니다.

나 또한 이 변화가 매우 불편합니다. 하지만 변화가 주는 불편함은 고통의 감정을 주지 않습니다. 도리어 매일 가슴이 뛰고, 행복함이 가득한 순간들을 선사합니다. 솔직히 다시는 이런 기분을 느껴보지 못할 줄 알았습니다. 이 글을 쓰고 있는 지금도 감사함과 기쁨으로 가득차 있음을 느낍니다. 대체 무슨 변화가 일어나고 있는 것일까요.

우연히 유튜브를 통해 〈제51회 백상예술대상〉 시상식 장면 중 대상을 수상한 배우 최민식 씨의 수상소감을 보게 되었습니다.

평소 좋아하던 배우였기에 별생각 없이 영상을 보았지만 그의 말에 생각지도 못한 커다란 울림과 감동을 받았습니다.

수상 소감을 통해 최민식 씨가 말했던 이야기가 지금 내 마음을 그대로 대변해주는 것 같았기 때문이었습니다. 그는 영화 〈명량〉을 통해 대상을 수상한 소감을 이렇게 토로했습니다.

"〈명량〉이라는 영화는 저 자신에게 부족함을 느끼게 하고, 좌절감을 맛보게 해주는 영화였습니다. '정말 많이 공부해야겠구나', '이놈의 일은 정말 끝이 없구나'라는 생각을 다시 갖게 해주었습니다."

나 또한 그러했습니다. 내가 감히 배우 최민식 씨와 같은 연륜과 내공에는 비할 바가 되지 못하나, 나는 부끄럽게도 '이 정도면 꽤 잘하고 있는 것 아니야?'라는 생각을 했던 적이 많았었습니다. 그리고 자연스럽게 글쓰기와 독서에 소홀해졌었습니다. 점점 허비하는 시간이 많아졌었고, 그 시간 동안 '충분히 노력했으니까, 지금은 조금 놀아도 괜찮아'라고 허비된 시간을 합리화 했었습니다.

그렇게 나락으로 떨어지는 와중에 나를 다시 살려준 것은, 아이러니하게도 내가 썼던 책 《하루 1시간, 책 쓰기의 힘》이었습니다.

그 어떤 책보다도 초심을 일깨워주었으며, 처음 가졌던 나의 마음을 다시 되돌려주었습니다.

그래서 당신에게도 진심을 담아 쓴 당신의 책 한 권이 꼭 필요합니다. **당신이 쓴 책만큼 당신에게 최고의 동기부여가 될 책은 존재하지 않기 때문입니다.**

책을 읽으며, 배워도, 배워도 끝이 없는 인생의 진리와 흐름을 경험하게 되었습니다. 덤이었던 나의 하루가 어느새 또다시 두려움과 게으름, 자만과 오만으로 덮여가고 있음을 보게 되었습니다. 나 자신이 얼마나 자만하고 있었는가를 반성할 수 있었고, 그제야 완전히 세상 앞에 무릎을 꿇고 나를 내려놓을 수 있었습니다. '자신을 완전히 내려놓을 때, 하늘은 비로소 나를 높여준다'는 말을 실감하게 되었습니다.

그렇게 초심을 찾기 위해 나의 행적을 더듬어 내려가다 보니, 그 초심에는 처음 글을 쓸 때 내 모습이 보였습니다. 글을 쓰는 것이 너무 좋아서 웃음 짓고 있는, 그 글이 진정한 나 자신을 바라보게 해주는 환희를 몸으로 느끼고 있는, 그 경험을 함께 나누고 싶어서 책으로 글을 옮기고 있는, 그 나눔과 가치를 '책인사'라는 공간으로 옮겨 담고 있는, 그 설렘을 온전히 경험하며 행복해하고 있는 그때의 나 자신을 발견할 수 있었습니다.

최민식 씨는 수상 소감 말미에 다음과 같이 말하며 누구도 예상 못 한, 그야말로 솔직한 이야기로 청중들의 마음을, 그리고 내 마음을 흔들었습니다.

"얼마 전 부산에서 서울로 올라오는 길에 많은 생각을 하게 되었습니다. 20대 때, 조금 더 거슬러 올라가서 고등학교 때 '영화를 하고 싶다', '연극을 하고 싶다' 그렇게 꿈을 키웠던 최민식과 지금의 최민식이 얼마나 맞닿아 있는지를…. 정말 많이 부끄러웠습니다. 너무 많이 변했고, 너무 많이 물들고…. 좋은 작품을 이야기하기보다는 이 영화가 '흥행이 될 것이냐', '안 될 것이냐' 이런 것부터 이야기하게 되었습니다."

최민식이라는 배우가 대상, 그것도 〈백상예술대상〉이라는 가장 권위 있는 상을 받으면서 건넨 수상 소감치고는, 너무나 인간적이고 솔직한 고백이었습니다. 그리고 이 고백은 이 책을 쓰기 위해 매일 하루 1시간씩, 집필하며 나의 과오와 자만을 되돌아보고 있는 내게, 정말 커다란 울림을 주었습니다. 그리고 같이 가치를 만들자는 뜻의 '하루 1시간, 가치 글쓰기' 프로젝트를 〈작가수업〉 커뮤니티를 통해 시작하며, 내가 이토록 가슴이 뛰는 이유를 명확히 알게 되었습니다. 나는 처음 책을 쓸 때의 나를 다시 만나게 된 것입니다.

"20살에 나와 지금의 나는 얼마나 맞닿아 있는가…. 조금이나마 남아있는 여백을 끊임없이 붙들고 늘어지겠습니다. 지켜보겠습니다. 더 좋은 작품으로 여러분들 앞에 부끄럽지 않은 배우가 되도록 더욱더 열심히 노력하겠습니다."

이 말을 끝으로 그는 수상 소감을 맺었습니다. 이전 같으면 '역시 멋지다'라고만 생각했을 이 말들이 한 문장, 한 문장 제 가슴에 깊이 들어왔습니다. 조금이나마 남아있는 초심의 나와 현재 나의 여백을 붙들고 늘어져서, 초심을 잃지 않겠다는 그의 말과 함께 "더 좋은 작품으로 여러분들 앞에 부끄럽지 않은 배우가 되도록 더욱더 열심히 노력하겠습니다."라는 그의 말이 전혀 일반적이지도 평범하지도 않은 깊은 무게감을 주었습니다.

변화란, 부족한 자신을 채우는 것이 아니라, 원래의 나의 본질로 돌아가는 것입니다. 존재만으로도 충분한 한 사람으로 돌아가는 것입니다. 그것이 삶의 기쁨이고 환희입니다. 우리는 끝없이 변화해야 합니다. 변화의 과정이 다소 고통이 될지라도, 직면하고 나아가야 합니다. 변화하지 않는 것은 물이 고이는 것과 같고, 고이면 썩게 됩니다.

변화를 위해 가슴 속 느낌을 당장 행동에 옮겨야 합니다. 나 또한 당신에게 좋은 작가가 되라고 말하기 전에, 나는 매일 하루 1시간씩 글을 쓰는 행동을 하고 있습니다. 말뿐이 아닌, 행동이 앞서야 합니다. **실천과 경험이 받쳐주지 않는 책은 절대 진실할 수 없기 때문입니다.** 그렇게 쓴 책이, 살면서 흔들리는 순간, 나를 바로 잡아줄 단단한 중심이 됩니다.

앞으로도 나는 계속 나의 글을 써 나갈 것입니다. 처음 가슴 뛰던 나의 초심과 이 순간 내 사이의 여백을, 매일 나의 진실과 나눔, 행복과 가치로 채울 것입니다. 이것이 내 자신에게 하는 고백이며, 당신에게 하는 약속입니다.

하나 바라는 것이 있다면, 당신 또한 내게, 그리고 당신의 독자들에게 이렇게 고백해주기를 바랍니다. 그렇게 당신이 진정한 작가로서, 또 누군가에게 울림을 주는 한 사람이 되길, 진심으로 바랍니다.

변화라는, 부족한 자신을 채우는 것이 아니라, 원래의 나의 본질로 돌아가는 것입니다. 존재만으로도 충분한 한 사람으로 돌아가는 것입니다. 그것이 삶의 기쁨이고 환희입니다. 우리는 끝없이 변화해야 합니다. 변화의 과정이 다소 고통이 될지라도, 직면하고 나아가야 합니다. 변화하지 않는 것은 물이 고이는 것과 같고, 고이면 썩게 됩니다.

나는 입니다

처음 책 쓰기를 시작하는 예비 작가들에게 '사전 질문지'를 드립니다. 인터뷰 형식의 사전 질문지를 통해서 자신의 경험을 들여다보는 아주 중요한 사전 작업입니다. 첫 번째 질문은 다음과 같습니다.

"나는 000입니다."

대부분 사람은 이 질문에서 한참을 고민합니다. '나는 누구인가?'라는 질문이 전 인류에게 가장 어려운 질문일 수도 있겠습니다만, 어찌 보면 '내 이름으로 된 책을 쓰겠다'라고 결심을 한 당신이라면 이 질문부터 답을 해야 할 것입니다.

많은 사람이 '이름'을 기입합니다. 또는 00의 엄마, 00회사를 다니는 직장인처럼 소속에 관련한 답을 쓰기도 합니다. 혹은 꿈을 꾸는 소년, 자유인, 행복한 사람, 긍정주의자 등의 추상적이거나 원하는 모습에 관련한 답을 쓰기도 합니다.

나 역시 이 질문에 대한 답을 써 본적이 있습니다. 기억을 더듬어 보니, '나는 부자입니다', '나는 성공한 작가입니다' 등의 원하는 모습을 그린 미래 지향적 단어들로 '나'에 대한 대답을 했었습니다. 물론, 내가 한 대답을 비롯하여, 위 대답들 어느 것도 틀린 것은 없습니다. 그런데 글을 쓰면 쓸수록, 나에 대해 드러내면 드러낼수록 이 대답들이 왠지 불편해지기 시작했습니다.

나는 그 불편함이 나 스스로에 대한 자신감 부족 또는, 과거에 매여 있었기 때문이라고 생각했습니다. 그리고 변화의 당연한 감정이라고만 생각했었습니다. 그러던 어느 날, 나는 알게 되었습니다. 나는 나 스스로를 글로서 만날 생각을 하지 않고, 누군가의 책을 읽는 것과 강의를 청취하는 것을 통해 내가 누구인지를 규정짓고 있었습니다. 그렇게 해야 한다고, 그것이 맞는다고 착각하고 살았던 것입니다.

우리는 수많은 착각 속에 이 세상을 살아갑니다. 어쩌면 지금 내가, 그리고 당신이 알고 있다고 생각하는 모든 것이 착각일 수도 있을 정도로 말입니다. 이 책을 읽으면서 속으로 이런 생각을 하는 사람이 당신일 수 있습니다. 예를 들면 '에이, 유치하긴. 뭘 이런 걸 물어'라며 대충 훑어버리거나, '나라는 사람은 원래 규정 지으면 안 되는 거야'라고 하며 질문에 대한 답을 거부할 수도 있습니다.

나는 도리어 이런 대답들이 착각이라고 생각합니다. 그리고 자만이라고 생각합니다. 우리는 나 자신을 제대로 알기에는 자기 자신에게 너무나 관심이 없었습니다. 남들에게 보였던 관심보다 말이지요. 자기 자신을 위한답시고 했던 행동들이, 도리어 스스로에게 상처와 아픔을 주게 되었던 일들을 누구나 경험해 보았을 것입니다.

남들의 시선에 신경 쓰지 않는다면서도, 인정받기 위해, 무시당하지 않기 위해 갑옷을 만들고 있는 자신을 본 적이 있었을 것입니다. 만약 이런 착각 때문에 질문에 대한 대답을 피하게 된다면, 당신은 당신 자신과 악수하길 거부하는 것입니다. 나를 직면할 수 있는 기회를 저버리는 것과 같습니다.

나는 내가 어떤 자동차를 좋아하는지, 어떤 스타일의 옷을 좋아하는지, 어떤 구조의 집을 원하는지를 알아보기보다는, '좋아 보이는 것'을 좋아하고, '가지지 못했던 것'을 가지려고 했었습니다. 세상이 정해놓은 기준에 맞춰 그것을 좋아하고 원한다고 착각했었습니다. 그 생각들이 바로 나의 정상적 흐름을 멈추게 하는 비정상적 착각이라는 것을 모른 채 말입니다.

착각에서 벗어나는 방법은 단 한 가지였습니다. 진정한 나의 깊은 내면을 바라봐야 했습니다. "나는 000입니다."라고 자신 있게 말할 수 있는 '나'를 발견해야 했습니다. 그래서 나는 글을 쓰기 시작했습니다. 나와 만나야 했습니다. **'도대체 너는 누구니?'**라고 외치며 끝없이 글을 쓰기 시작했습니다.

드러내지 않으려 애를 쓰는 나의 장막을 걷어내고, 결국 나는 나 자신과 만나게 되었습니다. "나는 000입니다."에 대한 대답을 정말 솔직하게 할 수 있었습니다. 그 대답을 쓰는 동안 내 귓불은 빨개지고, 얼굴은 화끈거렸지만, 나는 드디어 이 질문을 통해 나 자신과 만날 수 있었고, 이 책의 집필을 시작할 수 있었습니다.

나는 두려움이 많은 사람입니다

'나는 부자다', '나는 성공한 사람이다', '나는 행복한 사람이다'라는 대답은 많은 자기계발서에서 말하는 '이루어짐'에 대한 확언의 기술입니다. 이렇게 말하며, 과거에 종속당해있는 자신의 의식을 지금 이 순간에 집중시키며, 자신의 의식을 새로 RESET 시키는, 일종의 긍정적 세뇌라고 볼 수 있습니다. 실제 이런 세뇌는 과거 환경에 의해 가지게 된 안 좋은 무의식에서 벗어나는 데에 아주 큰 도움을 줍니다.

다만, 그 전에 당신은 이제까지 '나'라고 여겼던 나와 만날 필요가 있습니다. 나였던 그를, 그녀를 인정해주지 않고, '나는 부자다', '나는 행복한 사람이다'라고 말하는 것은 이제까지 함께 한 '나'를 뛰어넘어, 나를 포기하고, 회피하는 행동입니다.

어느 날 문득 이런 생각이 들었습니다. '나는 왜 이렇게 힘들게 살고 있을까’ 남들이 볼 때는 나름대로 성공한 삶이고, 행복해 보이는 삶인데, 나는 왜 항상 이렇게 마음이 힘들고 외로운 것인지, 혼란스러웠습니다. 그럴 때마다 나는, 냉철한 음성으로 나 자신에게 이렇게 말했습니다. “나약한 건 나쁜 거야. 성공은 외로운 거야. 흐트러져 있는 마음을 다잡아.”

그렇게 나 자신을 다그치고, 밀어붙이며 살아왔기 때문에 내가 이렇게 일어설 수 있었다고 자위했습니다. 하지만 나는 여전히 마음이 우울했고, 외로웠고, 앞날이 두려웠습니다. 아무에게도 말할 수도 없었기에, 그럴수록 나를 더욱더 거세게 몰아붙이는 것 외에는 내가 할 수 있는 것은 없었습니다.

이 책을 쓰면서, ‘하루 1시간, 가치 글쓰기’를 시작한 이유도 처음에는 어쩌면, ‘더 강해져야 해’라는 마음이 있었습니다. 하지만 다시 글을 쓰기로 결심한 후, 사전 질문지 첫 페이지를 쓰게 되면서, 나는 그제야 내가 억지로 붙잡고 있던 모든 짐을 내려놓게 되었습니다. 나는 질문에 대한 대답을 이렇게 쓰고 있었습니다.

“나는 생각이 많고, 걱정이 많고, 두려움이 많은 사람입니다.”

이 문장을 보면서 왠지 모르게 눈물이 흘러내렸습니다. ‘그랬구나, 그토록 거부하고 싶었고, 회피했던 말들이었는데, 지금 나는 이런 사람이었구나.' 생각이 많고, 걱정이 많은 것이, 두려움이 많은 것이 '나쁘다'라고 생각하며 나는 애써 이 사실을 피하고 있었습니다. 생각이 많은 것이, 걱정이 많은 것이, 두려움이 많은 것이 결코 내가 잘못한 것이 아님에도, 나는 나를 탓하고 있었습니다.

그저 그런 상태였을 뿐이었는데, 나는 나를 외면하고, 다그치고만 있었던 것입니다. 그렇게 나는 이 질문을 통해 비로소 이제까지 '나'로 살아왔던 나와 마주하게 되었습니다. 마주하고, 바라보며, 왜 생각이 많은지, 걱정이 많은지, 두려움이 많은지 원인과 이유를 들어볼 수 있었습니다.

그리고 그 이유들이 글로 쏟아져 내리면서 더 이상, 생각이 많고, 걱정이 많고, 두려움이 많은 사람인 나를 통제가 아닌 너그러운 마음으로, 시선으로 다스릴 수 있었습니다. 단지 책을 쓰기 시작했을 뿐인데, 나는 너무나 많은 선물을 얻어가고 있었습니다.

고백(告白)
: 써라, 그리고 울어라

부산의 한 요양병원에 계신 할머니를 뵙고 왔습니다. 코로나 19로 면회가 어려워 몇 달 동안이나 뵙지 못했지만, 따로 면회실을 만들어 한시적 운영을 한다는 소식에 한달음에 부산에 내려갔습니다. 오랜만에 뵙고 온 할머니와 이런저런 이야기를 한참 나누고 돌아오다 보면, 발걸음은 항상 아쉽습니다. 하지만 할머니와 나눈 시간은 그 어느 때보다 따뜻하고 행복함을 느낍니다.

할머니는 내게 '신(新)여성'의 표본을 보여주신 분입니다. 당신의 마음을 누구보다 잘 관리하였고, 외모와 건강관리 또한 철저한 분입니다.

아침이면 사과 반쪽과 블랙커피를 드셨고, 병원에 계실 때도 항상 곱게 머리를 빗어 넘기시고, 백발 머리를 은은한 보랏빛으로 염색을 하고 계셨습니다. 자신만의 원칙을 고수하기에, 자식들이

나 며느리가 보기에는 때론 냉정하고, 깐깐한 사람이었을지 몰라도, 내게는 한없이 자랑스럽고, 존경스러운 나의 '위인'이었습니다.

5년 전, 할머니가 병원에 입원하셨을 때가 생각납니다. 자식들에게 손을 벌리거나 누구에게 신세 지는 것을 싫어하시는 평소 성격대로, 몸이 불편해지자 당신 스스로 택시를 타고 병원에 입원하셨을 만큼 자신만의 고집과 원칙이 분명한 분이었습니다. 병상에서도 몸가짐을 가볍게 하지 않으셨고, 목소리는 언제나 힘차고 당당하셨습니다.

면회를 하러 갈 때면, 손자인 내 손을 꼭 잡고 주변 간호인들과 병동에 함께 입원해있는 분들에게 "누구보다 자랑스러운 내 손자요. 내가 업어 키운 손자가 이렇게 나를 항상 찾아온다오." 하시며 연신 싱글벙글 자랑하셨습니다.

사실, 할머니는 나와 피 한 방울 섞이지 않았습니다. 아버지가 중학교 때 아버지의 친모, 즉 제 친할머니가 돌아가셨고, 이후 아들이 하나 있는 몸으로 우리 할아버지와 재혼을 하셨다고 합니다. 나는 이 사실을 초등학교 4학년 때쯤 어머니에게 들었습니다. 당시 기분을 떠올려보면, 그 사실에 충격받기보다, 할머니를 가족을 넘어 '한 사람'으로 더 이해할 수 있었던 감정이 기억납니다. 그만큼 할머니는 그 어떤 관계를 넘어, 내게 항상 멋진 사람이었습니다.

그러던 어느 날, 할머니는 면회를 마치고 돌아가는 나를 붙잡아 세웠습니다. "잘 올라가그라. 할매는 걱정 말고, 항상 건강 조심하고." 항상 쿨하게 나를 보내주시던 모습과는 달리, 그날따라 이런 저런 말씀을 더 하며 내 손을 놓지 않으셨습니다. 굳이 엘리베이터 앞까지 나를 배웅 나왔던 할머니는 갑자기 내 목을 두 손으로 껴안으며 "승용아! 나 어떻게 하노. 어떻게 살아야 하노. 너무 힘들다 승용아!" 라며 오열을 하셨습니다.

한 번도 경험하지 못했던 할머니의 모습이 너무나 낯설어 어떻게 해야 할지 몰랐던 나는, 그저 아무 말 없이 할머니 등만 어루만져 드릴 수밖에 없었습니다. 그렇게 한참을 내 품에 안겨 눈물을 흘리시던 할머니는, "미안하다."라고 하시며 눈물로 얼룩진 얼굴을 끝내 보이지 않으시고, 그대로 뒤돌아 병실로 걸어 들어가셨습니다.

지금도 그때를 기억하면, 코끝이 시큰거리고, 가슴이 아려옵니다. 하지만 공교롭게도, 그날 이후 할머니와 나의 관계는 더욱 가까워지기 시작했습니다. 종종 전화를 드릴 때면, 다소 형식적으로 나누던 대화가 아닌, 이제까지 하지 못했던 이야기를 나누기 시작했습니다.

할머니가 할아버지에게 시집오던 날의 이야기, 할머니가 어릴 적 어떻게 살았었는지, 할머니가 낳은 아들, 내겐 큰 아버지의 어릴 적 이야기, 재혼 이후 5남매를 키우며 겪었던 가슴앓이, 지금도 할머니 마음속에 남아있는 할아버지와의 행복한 추억 등, 나는 할머니가 가족 그 누구에게도 들려주지 않았던 할머니의 진짜 인생 이야기를 깊이 나눌 수 있었습니다.

병원 엘리베이터 앞에서, 처음으로 솔직한 감정을 보여주셨던 할머니는, 그날 이후 이제까지 하지 않았던 많은 이야기를 들려주기 시작했습니다. 나는 할머니에게 노트가 되어드렸고, 할머니는 나라는 노트에 글을 쓰기 시작하셨습니다. 그 글이 쌓이고, 쌓이는 동안 더 깊은 이야기, 더 솔직한 이야기가 꺼내졌고, 나라는 노트와 할머니의 인생은 이렇게 책의 한 부분으로도 써 내려갈 수 있게 되었습니다.

요즘 할머니와 통화를 하면 항상 통화 말미에 이런 말씀을 덧붙입니다. "승용아, 할머니가 승용이 많이 사랑해!" 손자였던 나는 물론, 그 누구에게도 한평생 하지 않으셨던 말, 사랑한다는 말을 자주 꺼내십니다. 할머니는 숨겨왔던 당신의 진짜 마음을 내게 드러내었고, 나 또한 할머니에게 더욱 솔직해질 수 있었습니다. 그렇게 우리는 더욱더 깊은 마음을 나누고 있습니다.

그 누구에게도 하지 못했던 내 이야기, **내 마음을 글로 드러내는 것. 이것이 진정한 고백(告白)입니다.** 고백(告白)이란 단어를 한자로 풀어보면, 고할 고(告), 흰 백(白)을 사용합니다. 말 그대로 희고 깨끗함을 알리는 것입니다. 우리는 누구나 희고 깨끗한 본질을 지니고 있습니다. 하지만 대부분의 사람들은 '이럴 땐 이렇게 해야 해', '이게 맞아'라는 환경적 제약과 무의식적 속박에 갇혀, 나의 근본인 '백(白)'을 꺼내지 못하고 은폐(隱蔽)하고 있습니다.

지금 당신이 쓰고자 하는 글이, 여전히 마음에 제약을 주고, 안 그런 척을 하며, 상대방에 따라 모습이 변하는 카멜레온 같은 글이 된다면 당신의 글에서 진정성을 찾기란 어려울 것입니다. 고백이 우선되어야 함이, 책을 쓰기로 결심한 당신에게 가장 중요한 이유입니다.

앞서 나는 '드러냄의 행위는 진실로, 진실로 나를 살리는 자기계발이었으며, 자기계발을 넘어 생존이었습니다.'라는 이야기와 **'모든 변화는 드러냄으로부터 시작하고, 그 드러냄의 시작은 실수와 실패, 약점과 상처의 고백으로부터 시작해야 합니다.'**라고 말했습니다.

진정한 드러냄 없이는 절대 변화가 시작될 수 없고, 그 시작은 진실로, 뿌리 깊은 곳에 있는 솔직한 감정에서 시작되어야 하기 때문입니다.

할머니가 한평생, 그저 내게 '멋진 위인'으로만 남고자 했다면, 나는 할머니와 지금과 같은 끈끈한 사이가 될 수 없었음은 물론, 무엇보다 중요한, 할머니 자신이 자유로워질 수 없었을 것입니다.

당신이 멋진 작가로서만 남고자 한다면, 독자들과 쉽게 소통하고, 솔직할 수 있는 끈끈한 사이가 될 수 없습니다. 그리고 우리가 책을 쓰는 가장 중요한 이유, 솔직함으로부터만 얻을 수 있는 자유로움을 느낄 수는 없을 것입니다.

지금 내가 당신에게 쓰는 이 글이, 멋지게 보이기 위해서, 잘 보이기 위해서, 기분을 맞춰주기 위해서 쓰는 글이라면, 나는 올바른 길을 가려는 당신과 교류될 수 없을 것입니다. 만약 당신이 당신의 책을 읽는 사람들에게 인정받고 싶어서, 당신을 부족한 부분을 포장하기 위해서, 그저 멋있게 보이기 위해 글을 쓰고 있다면, 당신은 제대로 된 길을 가고 있는 독자들에게 영향을 미칠 수 없을 것입니다.

고백하세요. 진짜 당신의 마음이 어떠했는지. '나는 괜찮아', '미안할 것 없어', '나는 다 알아', '난 이미 행복해'라는 은폐 속에서 당신의 희고 깨끗한 '백(白)'을 꺼내주세요. 울고 싶을 땐 울고, 사랑한다고 말하고 싶을 땐 기꺼이 말하세요.

글을 통해 쓰고, 울고, 웃고, 나누세요. 나 역시 참된 고백 이후

막힘없이 글을 쓰게 되었습니다. 글을 쓰는 기쁨과 자유를 경험하게 되었습니다. 그리고 이제는 내가 느끼는 이 자유를, 당신이 경험할 차례입니다. 당신의 글을 통해 '백(白)'을 만날 날을 기다립니다.

08

당신이 글을 쓰길 바라는 진짜 이유

인생이 풀리지 않을 때 풀어야 할 것들

얼마 전 회사와 가까운 곳으로 보금자리를 옮겼습니다. 올해 초 제주도에 조그마한 집을 마련하고, 서울로 왔다 갔다 하다 보니, 서울에 있을 때만큼은 시간을 좀 더 아끼고 싶어서 '책인사'와 좀 더 가까운 곳으로 이사를 하게 되었습니다.

보통 이사를 할 때, 포장이사를 많이 했었습니다. 편리하고, 시간과 에너지를 절약할 수 있었기 때문입니다. 마음에 드는 집을 찾기가 쉽지 않다보니, 이번 이사는 들어가고 나가는 시기가 20일이나 차이가 났었기에 보관이사 업체에 맡기게 되었습니다. 꽤 장기간 짐을 맡겨야 하다 보니, 이사에 대한 서비스보다는 보관에 대한 질적 서비스가 높은 곳으로 업체를 고르게 되었고, 대신 이사에 제공하는 서비스는 반 포장으로만 진행하는 회사였습니다.

모든 짐을 고객이 직접 포장하고, 업체에서는 짐을 날라주기만

하는 서비스였기에, 반강제로 스스로 짐을 정리해야 하는 기회가 생겨났습니다. 이삿짐을 정리하면서 그동안 내가 가지고 있는 짐들을 하나하나 자세히 볼 수 있었습니다. 퇴근 후 매일 밤, 시간을 내어 짐을 꾸리다 보니, 왜 이렇게 쓸데없는 짐들이 많은지요. '쓰레기 더미를 계속 가지고 이사를 했었구나'라는 생각이 들었습니다.

무엇보다 쌓아만 놓고, 가지고 있을 필요도 없는 물건들이 너무나 많았습니다. 포장이사라는 아주 편리하고 쉬운 방법을 택하며, 내 짐들은 정리하지 않고 더욱 짐들을 쌓아가고 있었던 것입니다. 왠지 얼굴이 화끈거렸습니다. 불필요하고, 중복되어 있으며, 사용하지도 않지만 아까워서 버리지 못했던 짐들을 보면서 꼭, 내 마음과 같다는 생각이 들었기 때문입니다.

내 마음에도 불필요하고, 중복되어 있으며, 아까워서 버리지 못한 미련이 남아있었습니다. 나는 그것들을 내 마음속에 그대로 방치해두었고, 그것들은 내 마음을 병들게 하고 있었습니다. 그럼에도 불구하고, 그것을 알고 있음에도 나는 그것들을 버릴 수 없었습니다. 이유는 단순했습니다.

나는 내 마음을 들여다보지 않았고, 들여다볼 시도조차 하고 있지 않았기 때문입니다. 점점 더 쌓여만 가는 마음의 상처와 후회들은 물론, 알량한 자존심을 지키기 위해 만들어놓은 마음의 결계들을 지켜야 했기에, 나는 마음을 들여다볼 용기조차 나지 않았었습니다. 그것들이 정리되면 내 존재가 지워질 것 같았기 때문입니다.

나는 매일 글을 쓰면서 내 마음을 정리하고 있습니다. 그리고 정리된 마음은 글의 명확한 흐름을 인도합니다. 머리로 쓰는 글이 아닌, 가슴이 쓰는 글로 책을 채워나가고 있습니다. 직면하고 나니 그동안 방치해둔 것에 대해 나 자신에게 너무나 미안하고, 그동안 잘 버텨주어서 고마웠습니다. 버릴 것들을 과감히 버리고 나니, 속이 다 후련했습니다.

정리란, 버리는 것부터 시작합니다. 그동안 버리지 못했던, 즉, **내어놓지 못했던 당신의 속내를 글로 쓰는 것이 바로 '정리'입니다.** 글로 쓰는 행위는 내 마음을 정리하고, 비워내며, 현명한 지혜가 채워질 자리를 만들어줄 뿐만 아니라, 생각지도 못한 영감을 떠오르게도 합니다. 정리하지 못하면 집은 결국 쓰레기장이 돼버리듯이, 글을 쓰지 못하면 그 어떤 일도 제대로 해낼 수 없습니다.

출판사로부터 350번이나 거절을 당했지만 2백만 부 이상의 판매를 올린 것으로 유명한 미국의 베스트셀러 작가, 루이스 라모르(Louis L'Amou)는 "무슨 일이든 글쓰기부터 시작하라. 물은 수도꼭지가 켜질 때까지 흐르지 않는다."라고 말했습니다. 나는 이 말에 백 번 동의합니다. 매일 아침을 글쓰기로 열어가는 이유이기도 합니다. 글을 쓰는 행위는 단순한 글쓰기만을 위한 것도 아니고, 책을 출간하기 위한 목적만 있는 것도 아닙니다. 매일 글을 쓴다는 것은, 삶의 가치를 밝히는 스위치와 같습니다. 쉽고 편한 길 때문에 돌아보지 못하고 쌓아만 두었던 마음의 짐을 정리하는 가장 효과적이며, 유일한 청소 도구입니다.

당신이 정말 성공하고 싶다면, 행복하고 싶다면, 정말 변화하고 싶다면, 그것을 위해 뭔가 대단한 것을 해야 한다고 착각하지 않길 바랍니다. 지금 이 책을 읽고 있는 당신이 할 수 있는 단순하지만, 실로 인생을 바꿀 수 있는 위대한 행동은 바로 책을 쓰기 시작하는 것입니다. "물은 수도꼭지가 켜질 때까지 흐르지 않는다."라고 한, 루이스 라모르의 말처럼 지금 당신이 쓰기 시작한 글이, 그동안 정리되지 않아 꽉 막혀있던 인생의 수도꼭지를 열어줄 것입니다.

나는 매일 글을 쓰면서 내 마음을 정리하고 있습니다. 그리고 정리된 마음은 글의 명확한 흐름을 인도합니다. 머리로 쓰는 글이 아닌, 가슴이 쓰는 글로 책을 채워나가고 있습니다. 직면하고 나니 그동안 방치해둔 것에 대해 나 자신에게 너무나 미안하고, 그동안 잘 버텨주어서 고마웠습니다. 버릴 것들을 과감히 버리고 나니, 속이 다 후련했습니다.

'책 한 권 써 보고 싶다'라는 본능

한 번쯤은 이런 생각을 해 봤기에 이 책을 읽고 있을 것입니다.

'언젠가 책 한 권은 써보고 싶다'

본능이란 참 무섭습니다. 의도하지 않아도 의도되는 본능이라는 놈은, 내가 쉽게 통제할 수 있는 대상이 아닙니다. 어떤 경험이나 교육 없이도 그 행위를 할 수 있고, 욕구를 품고 있는 것을 본능이라고 한다면, 나는 사람이 글을 쓰고 싶어 하고, 책을 펴내고 싶은 마음을 '본능에 가깝다'라고 말하고 싶습니다.

단 한 번도 책을 출간해보진 못했지만, 글을 전문적으로 써 본 적도 거의 없지만, 우리는 자신의 이름으로 된 책 한 권을 출간하고 싶어 하는 강렬한 욕구, 본능을 가지고 있습니다. 이는 드러냄에서 설명함, 설명함에서 표현함의 단계로 욕구가 이동되고, '말'로 드러낸 의견과 생각이, '글'로 설명되며, '책'으로 표현되는 단계적 성장을 이루는 프로그램 속에 살고 있기 때문입니다.

위와 같은 단계를 거쳐 당신은 인생에서 중요하게 생각하는 시점들이 이동되고, 보이지 않던 것들을 보게 되며, 깨닫지 못했던 것들을 깨달아 가는 성장을 이루게 됩니다. 글을 쓰고, 그 글을 담아 책으로 표현한 것뿐인데, 어느새 성장하여 중심이 세워지고, 스스로 일어설 수 있는 자립성(自立性)을 지니게 됩니다. 자립할 수 있다는 의미는, 항상 불안하고 흔들렸던 인생을 그 누구의 도움도 받지 않고 스스로 세울 수 있음을 뜻합니다. 돈을 아무리 많이 벌어도, 사회적으로 높은 위치에 있어도, 스스로 자립할 수 없는 사람은 결국 누군가에게 의존하고, 잠식당하여 자신의 삶을 잃게 만들 수도 있습니다.

> "자립성은 스스로에 대해 끊임없이 숙고함으로써 유지될 수 있으며, 이것은 글을 통해서 가장 잘 드러난다."

'스위스의 괴테' 고트프리트 켈러(Keller, Gottfried 1819-1890) 작가의 말입니다. 잠깐 일어섰다가 다시 넘어지는 갓난아이처럼,

가 스스로 자신의 인생을 책임지고, 자립성을 갖추게 되었다고 하더라도 언제든지 다시 넘어질 수 있습니다. 자립성은 스스로에 대해 끊임없이 숙고함으로써 유지될 수 있다는 말처럼, 우리는 자기 자신에 대해 더 깊이, 더 깊이 파고 들어가야 합니다.

양파 껍질을 벗겨내듯 내 마음의 껍질을 하나씩 벗겨낼 수 있는 방법은 오로지 하나, '글'입니다. 사람은 자신의 가치를 찾고 싶어 하고 자립성을 키우고 싶어 하는 본능을 가지고 있습니다. 자신이 무엇을 원하는지, 무엇을 잘하고 못하는지를 알고 싶어 합니다. **스스로에 대해 끊임없이 숙고함으로써 얻어지는 자립성은 인간을 더욱 풍요롭고 자유롭게 만들기 때문입니다.**

당신의 인생을 시시하게 만들지 마라

나는 글을 쓰고 있는 이 순간에도 여전히 나 자신을 주시합니다.

오늘, 글이 잘 써지지 않았던 순간이 있었습니다. 심사숙고하는 시간이 많았습니다. 생각을 줄이고, 의식의 흐름에 나를 맡겨야 함에도, 여전히 잘 쓰려는 악습이 기어나왔습니다. 그것을 인지하고 멈추는데 시간이 오래 걸렸습니다. 하지만 결국 스스로 일어나서 다시 생각을 멈추고, 의식의 흐름대로 이 글을 쓰고 있습니다. 이런저런 이유를 다 떠나서 내가 매일 글을 쓰는 이유는 자립성을 유지하기 위함일 수밖에 없습니다.

자립이라는 말은 볼수록 어려운 말입니다. '스스로 일어서다'라는 표면적 뜻을 가지고 있지만, 그 내면에는 너무나 깊고 심오한 뜻을 가지고 있기 때문입니다. 사람 인(人)자가 사람이 서로 기대어 선 모양을 하고 있듯이, 사람은 혼자 살아갈 수 없습니다. 누군가가 나를 도와줘야 하고, 나 또한 누군가에게 도움이 되어 삶을 영위해 나가게 됩니다. 그럼에도 불구하고, 자립성을 키워야 하는 이유는, 인생을 만들어가는 방향의 최종 선택과 결정은 결국 본인이 해야 하기 때문입니다.

글을 써 내려가는 행위가 가져다주는 최종 결과물로 당신이 바라는 것이, 단순히 '언젠가 한 번은 써보고 싶은 책'에 불과하다면, 이제는 그 이유가 시시하게까지 느껴집니다. 이제 책 자체의 개념은, 매일 쓰면 나오는 당연한 결과물일 뿐입니다. 책이란, 매일 진심을 다해 자신을 직면하고 마주 보며 쓰는 글이 모여 나오는 결과이자 하나의 과정에 불과합니다.

나는, 사람이 어떤 일을 행함에 있어 가장 자유로울 수 있음은, **그 일의 '시기'와 '결과'를 바라지 않을 때**라는 것을 여러 번 경험했습니다. 나는 당신이 '책이라는 결과물'에 집착하지 않길 바랍니다.

책이 가져다줄 물질적 결과들도 글을 쓰는 동안에는 제발 생각하지 않길 바랍니다. 책을 넘어 당신이 받게 될 최고의 선물은 바로, 자신의 인생을 스스로 책임질 수 있고, 어떤 역경이 와도 다시 일어설 수 있는 힘이 생긴다는 사실입니다.

그 무엇보다 중요하고 소중한 당신의 인생을 시시하게 만들지 말아야 합니다. **세상에 당신의 인생만큼 중요한 것은 존재하지 않습**

니다. 자립성이 갖춰지지 않고, 자신을 믿지 않는 사람은 아무리 많은 돈과 명예가 찾아와도 이것을 유지하고 지켜내지 못합니다. 당신이 매일 쓰는 글 한 문장과 문단들이 모여 '나'라는 가치를 만들고, 중심을 만듭니다. 매일 쓰는 글 하나하나가 당신의 인생을 지켜낼 것입니다.

버리지 말고, 흐르게 하라

잠시만, '지금 이 순간'에 집중해보겠습니다. 이전에 있었던 모든 일은 '과거'입니다. 그리고 현재조차 '현재'라고 부를 수 없는 순간에 살고 있습니다. 왜냐하면 '현재'라고 말하는 순간, 이미 과거가 되어 버리기 때문입니다.

과거는 놔두어도 흘러갑니다. 과거는 버리는 것이 아닌, 흘러가게 해주어야 합니다. 하지만 우리는 이 과거를 흘러가지 못하게 붙들어 놓고 있습니다. 내가 한 일을 후회하며, 혹은 당한 일을 되새기며 죄책감과 자책, 상처와 분노로 과거의 기억과 상처 속에 자신을 매여 놓습니다.

또는 요즘 말로 "라떼는 말이야!"라고 외치며 여전히 과거의 영광 속에 머물며, 예전에 자신의 성과와 성공에 취해있는 사람들도 많습니다. 순간을 살아야 하는 우리가 과거를 붙들고 있다면, 흘러가지 못해 썩기 시작합니다. 썩기 시작하면, 고통이 시작되는 것입니다.

과거에 매여 고통 받지 않고, 과거의 본질대로 흐르게 할 수 있는 가장 좋은 방법이 있습니다. **내게 일어난 모든 일에 대해 아무런 이유도 묻지 않는 것입니다.** 과거가 원래 가진 속성대로 그저 흘려버리는 것입니다. 하지만 대부분의 인간은 그렇게 하지 못합니다. 당신도 나도 그 '대부분'에 속해있는 인간입니다.

성인군자가 되어 세상을 살아가는 사람은 극히 드물기 때문입니다. 그리고 속세 속에서 일상을 살아가는 사람들이 오로지 자신의 의지만으로 과거의 속박에서 벗어나기란 사실상 불가능에 가깝습니다. 그렇다면 우리는 어떻게 이 굴레에서 벗어날 수 있을까요.

나 역시 과거의 기억에 매여 수없이 고통받으며 자신을 학대하고, 스스로를 비하한 적이 있었습니다. 때로는 운이 좋아 잘되었던 일들에 취해 과거의 영광 속에서 자만했던 경험이 있습니다. 나 자신이 아무것도 할 줄 모르는 바보라고 생각했던 적도 있었고, 세상에서 가장 운이 없는 사람이라고 생각했던 적도 있었습니다.

하지만 어느 순간부터 나는, 완전히 다른 사람이 되어 가기 시작했습니다. 생각의 굴레에 갇혀 있던 한계에서 벗어나 고통을 주지 않는 방법을 알게 되었고, 과거는 과거대로 흘려보내고, 오직 이 순간에 몰입할 수 있는 힘이 생겨나기 시작했습니다. 그것이 나의 '중심(中心)'임을 자연스레 느낄 수 있었습니다. **성공이 찾아와도, 실패가 찾아와도, 감정에 치우치지 않고 이 순간, 해야 할 일에 몰입할 수 있는 힘,** 그 중심을 가지기 시작했습니다.

그 시작점은 책을 쓰기 시작하면서부터였습니다. 드러내기, 표현하기 등을 통해 글을 쓰기 시작하면서부터 나의 과거는 비로소 흐르기 시작했습니다. 막혔던 내 가슴도 뚫리기 시작했습니다. 글을 쓰는 내내 폭포수처럼 눈물이 터져 나오고, 때로는 환희에 가득 차기도 했습니다. 내가 그토록 힘겹게 살아온 이유가 부모의 탓도, 내 탓도, 그 누구의 탓도 아닌, 스스로 이 모든 것을 짊어지고 있었기 때문임을 깨닫게 되었습니다. 그리고 그 글들이 모여 책이 완성되었을 때, 나는 완전히 자유 할 수 있었습니다.

당신은 이미 작가입니다

이처럼 작가란, 많은 부분에서 치유와 성장, 반성과 배움이 함께 일어나는 업(業)입니다. 상처받은 과거는 드러냄으로써 치유되고, 그로 인해 과거에 매여있던 짐을 벗어던지게 됩니다. 과거는 과거대로 흘려보내고, 순간을 충실히 살아가게 되는 힘을 가지게 되는 업, 그 직업이 바로 작가입니다.

지금까지 저지른 부끄러운 행동에 대해 솔직하게 고백하고, 책임질 것은 책임지고, 매듭지을 것은 매듭짓는 방법을 배워가는 사람이 작가입니다. 진정한 자유 속에서 열린 마음으로 모든 가르침을 배워가며 삶을 만들어가는 사람이 작가입니다. 이것이 우리가 작가가 되어야 하는 이유이며, 진심을 다해 글을 써야 하는 이유입니다.

'작가'의 이름 속에 치유, 성장, 반성, 배움 등 수많은 인생의 가르침을 받을 수 있는 최고의 과정들이 들어 있지만, 이는 절대 만만치 않은 과정입니다. 누구나 작가가 될 수 있지만, 아무나 작가가 될 수 없습니다. 누구나 부자가 될 수 있지만, 아무나 부자가 될 수 없는 이유와 같습니다. 그만큼의 노력과 끈기, 두려움을 넘어서는 진정한 용기를 지녀야 합니다.

이를 위해서 당신은 누구보다 당신 자신을 바라보고 아껴줘야 합니다. 마치 한순간이라도 눈을 떼면 어떤 돌발 행동을 할지 모르는 아이처럼, 글을 쓰는 동안 당신의 시선은 오롯이 당신 자신을 향해 있어야 합니다.

글을 쓰는 과정 자체가 이제까지 해보지 않았던 경험을 모두 하게 하는 계기가 됩니다. 표면적으로는 책을 출간하게 됨은 물론, 작가의 이름을 가지게 됩니다. 그리고 무엇보다 당신은 정말 좋은 사람이 될 수 있습니다. 존경받으려 하지 않아도 존경받게 되는 사람, 구애하지 않아도 구애받는 사람, 전달하려 하지 않아도 영향력을 미치는 사람이 되는 것, 이것이 우리가 작가의 이름을 가지려고 하는 이유입니다.

존재 자체만으로 누군가의 희망이 되고, 누군가의 삶의 이유가 되는 것, 마치 깨끗한 물이 흘러 화려한 장미를 꽃 피우듯, 작가는 그런 존재로서 당신을 흘러가게 할 것입니다. 다시 한번 당부하지만, 아직 책을 출간하지 않았다고 당신을 작가로 여기지 않으면 안 됩니다. 책을 쓰고자 하는 결심이 든 당신은, 이미 작가입니다.

당신의 삶의 순간순간 모두가 작품입니다. 이제까지 당신이 삶을 바라보는 시선이 어떠했는지는 중요하지 않습니다. 이제부터가 중요합니다. 매일 하루 1시간만 작가가 되세요. 작가로서 바라본 당신의 삶이 얼마만큼의 가치가 있는지를 스스로 발견할 것을 나는 확신합니다.

존재 자체만으로 누군가의 희망이 되고, 누군가의 삶의 이유가 되는 것, 마치 깨끗한 물이 흘러 화려한 장미를 꽃 피우듯, 작가는 그런 존재로서 당신을 흘러가게 할 것입니다. 다시 한 번 당부하지만, 아직 책을 출간하지 않았다고 당신을 작가로 여기지 않으면 안 됩니다. 책을 쓰고자 하는 결심이 든 당신은, 이미 작가입니다.

존재해주셔서 감사합니다

'존재해주셔서 감사합니다. 백작가님'

누군가 내게 보낸 문자의 내용입니다. 이 엄청난, 감당하기 힘든 문자를 보고 많은 생각에 잠겼었습니다. 처음에는 '내가 이런 말을 들을 사람인가'라는 의심과 다소의 으쓱함도 있었습니다. 하지만 얼마 지나지 않아 '존재'라는 단어에 대해 알지 못할 책임감과 두려움, 그리고 사명감과 부담감이 공존함을 느꼈습니다.

이전에 나는 나의 존재 자체를 부정하던 사람이었습니다. 누가 네 소원이 무엇이냐고 하면 "빨리 이 세상을 떠나고 싶다."라고 말할 만큼, 살아있음을 힘겹게 느꼈던 사람이었습니다. 불행했고, 우울했었습니다. 내게 나의 '존재'는 없었습니다.

10대부터 30대 전반에 걸쳐, 나는 그저 열심히 사는 것 외에는 아무것도 선택할 수 없었습니다. 내 존재에 대한 인식 자체가 없음은 물론, 삶은 그저 죽지 못해 살아지는 것이었기에 사는 것에 대한 애착은 더더구나 없었습니다. 그랬던 사람이 '존재해주셔서 감사하다'는 말을 듣게 되다니. 이 말은 내게 칭찬이 아닌, 더욱더 무거운 책임감과 내 삶을 끊임없이 돌아보고, 정진하라는 엄숙한 명령(命令)이었습니다.

세계적으로 유명한 코미디언, 찰리 채플린(Charlie Chaplin)은 이렇게 말했습니다.

"나는 오로지 단 하나, 단 하나의 존재로 남아있으며, 그것은 바로 광대다. 광대라는 존재는 나를 그 어떤 정치인보다 더 높은 수준으로 올려놓는다."

그는 광대로서의 자신의 삶에 대해 정말 커다란 자부심을 가지고 있었습니다. 그 어떤 것도 부럽지 않은 단 하나의 '존재'임을 스스로 인식하였습니다.

나는 당신과 함께 이런 생각을 해보고 싶습니다. 변증법적 유물론에 따라서, 형이상학적 의미에서, 이런 식으로 존재의 기준을 삼으려 하지 말고, 머리를 쓰지 말고, 우리가 우리 자신으로서 온전해질 때가 언제인지 생각해보고 싶습니다. 살아있음을 느끼고, 감각을 느끼고, 마음을 느끼는 수준을 넘어서서 '나로서 존재함'을 느낄 때가 언제인지 말입니다.

인생에는 생각보다 즐거운 일들이 많습니다. 예를 들면, 나는 글을 쓸 때는 물론, 작곡할 때 즐거움을 느끼고, 산에 오를 때 자유를 느낍니다. 영화를 볼 때 마음의 떨림을 느끼고, 맛있는 음식을 먹을 때 행복감을 느낍니다. 무엇보다 글을 쓰면서 나 자신의 미세한 영역들을 들여다볼 때 커다란 재미를 느낍니다.

많은 것들이 나의 존재를 느끼게 하고, 나를 행복하게 합니다. 하지만 그중에서도 나를 가장 빛나게 하는 것이 무어냐고 묻는다면, **'작가라는 존재로 글을 쓰고 있을 때'**라고 말하고 싶습니다. 왜냐하면 나는 글을 쓸 때면 내가 존재함을 느끼기 때문입니다.

시간이 어떻게 가는지 모를 정도로 나는 글을 쓰는데 푹 빠져듭니다. 매일 조금씩, 조금씩 마음속 깊은 곳을 들여다보고 새로운 보물을 찾아내는 기분입니다. 그 기분이 얼마나 황홀한지, 그 어떤 것도 비할 바가 되지 않습니다. 그리고 그 기분은 나의 글 속에 고스란히 파고듭니다. 나의 이런 에너지가 담긴 글이 책이 되어 독자들에게 배달될 것을 생각하면, 그 환희심은 이루 말할 수 없습니다.

만약 당신이 이전에 나처럼 자신의 존재 자체를 인지조차 하지 못하고 있거나, 존재 자체를 부정하며 살아왔거나, 살고 있다면, 나는 당신에게 글을 쓰라고 말하고 싶습니다. 꼭 글을 쓰라고 말하고 싶습니다. 글은 당신이 얼마나 많은 성공과 실패를 거듭하며 살아왔는지 보여줍니다.

글은 당신이 이제까지 살아온 모든 과거의 감정과 상처, 과오들을 꺼내어 보여줍니다. 글은 당신이 지금 하고 있는 생각과 감정, 바닥의 무의식까지 그대로 눈앞에 보여줍니다. 글은 당신이 이 세상에 태어난 이유를 알려줍니다. 그렇게 글은, **당신은 원래부터 귀한 '존재'였음을 알려줍니다.**

나도, 당신도, 이제까지 정말 힘겹게 삶을 살아왔습니다. 잘못된 정보와 신념들을 주입 당하며 원래의 존재 가치대로 살아오지 못했습니다. 그렇게 많은 잘못과 실수도 저지르기도 하고, 그것에 대한 책임도 지면서 살아왔습니다. 지금까지 알던 당신은 온전한 당신이 아닙니다. 이제는 당신이라는 존재로 새롭게 태어나야 합니다.

단 하나의 존재, 그것이 당신입니다. 나라는 존재 이유, 그리고 당신이라는 존재 이유. 이것이 내가 글을 쓰는 이유이며, 당신이 글을 쓰길 바라는 이유입니다.

09

전지적 독자시점

누구를 위하여 종을 울리는가

"모든 독자가 읽을 글을 쓰기란 불가능하다. 시인은 시를 좋아하지 않는 사람을 위한 시를 쓸 수는 없다."

20세기 프랑스의 여류 소설가 나탈리 사로트 (Nathalie Sarraute 1900~1999)의 말입니다. 전적으로 공감합니다. 모든 독자가 읽을 글을 쓸 수는 없습니다. 그리고 내가 아무리 좋은 글을 써도 책을 읽지 않거나, 해당 분야를 좋아하지 않는 사람을 위해서까지 당신의 에너지가 소모될 필요는 없습니다.

작가수업을 시작할 때 가장 먼저 뱉어내는 글을 쓰도록 요청합니다. 책을 온전히 쓰기 위해서는 쌓여있던 감정들을 뱉어내는 작업이 가장 우선시 되어야 하기 때문입니다. 감정을 비워야 새로운 영감을 채울 수 있는 것은 당연한 이치입니다. 그렇게 글을 통해 자신의 '민낯'을 보게 됩니다. 이때 거의 모든 사람이 내게 이런 질문을 합니다.

"다른 사람들이 내 이야기를 보고 흉을 보진 않을까요." 혹은 "다른 사람들이 내 이야기를 보고 자랑질한다고 하진 않을까요." 라고 말입니다. 이때 내가 하는 대답은 항상 같습니다.

"남들은 생각보다 나에게 관심이 별로 없습니다. 신경 쓰지 마세요."

나는 독자를 위해서 자신의 경험과 지식, 정보를 나누는 책을 씁니다. 다만, 독자에게 관심을 받고 싶어서 책을 쓰진 않습니다. 내 책이 취향에 맞지 않을 수도 있습니다. 그럼 안 보면 그만입니다. 단지 나는 중심을 가지고, 내가 쌓아온 경험과 지식, 정보가 누군가에게 분명히 도움이 되길 바라며 이 글을 쓰고 있습니다.

당신 또한 그랬으면 합니다. 단 한 명이라도 도움이 될 수 있다는 확신만 있다면, 당신의 책은 분명히 많은 사람에게 사랑받게 될 것입니다. 그것이 작가가 가져야 할 진심입니다. 준비되었다면, 이제 본격적인 집필에 들어가 봅시다.

본격적인 집필에 앞서 '집필계획서'가 필요합니다. 집필계획서란 집필을 하기 위한 사전 기획서와 같습니다. 꼼꼼히 가이드를 잡고, 일정을 잡아놓아야, 집필하는 내내 방향과 마음이 흐트러지지 않을 수 있습니다. 나는 집필계획서 항목 중에서도 '핵심 독자'와 '확산 독자'를 가장 중요하게 여깁니다. 그래서 이에 대한 가이드를 보다 명확하게 설정해놓기 위해 노력합니다. (집필계획서 항목에 대한 자세한 설명은《하루 1시간, 책 쓰기의 힘》개정판, 177페이지를 참고하거나, 인터넷에 검색해도 쉽게 찾을 수 있습니다.)

핵심 독자와 확산 독자가 무엇이냐고 질문했을 때 이에 대해 명쾌하게 답을 하는 사람을 아직 보지 못했습니다. 하지만 어렵게 생각할 필요가 없습니다. '핵심 독자'란 글을 쓰는 내내 당신 앞에 앉아 있는 한 사람입니다. 더욱 쉽게 설명하자면, 고민이 있어서 당신을 찾아온 한 사람입니다.

그 한 사람을 앉혀놓고, 당신의 이야기를 들려주는 것이 집필입니다. 나도 그랬다고, 나도 힘들었다고, 그래서 나는 이렇게 극복했다고 말해주면 됩니다. 상대방에게 완벽한 해답을 들려주려 하지 않아도 됩니다. 당신의 경험과 알고 있는 지식과 정보를 솔직하게 알려만 주면 됩니다. 다 알려준 후에 이렇게 말하세요. '네게 도움이 되었으면 좋겠어.' 이것이 진짜 책의 본질입니다.

독자와 마주 앉아, 이야기를 나눠봅시다

핵심 독자를 한 번 설정해봅시다. 몇 가지 세부적인 항목을 나누면 편합니다. 1. 연령대 2. 성별 3. 기혼/미혼/상관없음 4. 직업/상관없음 5. 고민 사항 6. 원하는 것. 간혹 이와 별개로 학벌에 따라, 학력에 따라 핵심 독자를 구분 지으려는 사람이 있습니다. 이 부분은 전문 서적이나 논문 등의 집필이 아닌 이상, 설정할 필요가 없습니다. 당신이 쓰려고 하는 책은 '대중'을 위한 책이니까요.

자, 살펴봅시다. 모든 항목에 공통으로 필요한 말입니다만 연령대를 설정할 때 욕심을 내지 마세요. 10대부터 80대, 이렇게 설정해놓는 것은 욕심입니다. 첫 책을 통해 독자의 품을 파고 들어가려면 연령대 범위를 최소화하는 것이 가장 좋습니다. 혹 조금 넓힌다 해도, 20~40대, 혹은 30~50대 정도가 좋습니다. 이상적인 연령대 설정은, 10대, 20대~30대, 30대~40대, 50대~60대, 60대

~70대, 70대 이상으로 구분 짓는 것이 가장 좋습니다.

성별 및 혼인 여부 사항은 꼭 구분 지어야 할 필요가 없다면 굳이 구별 짓지 않아도 됩니다. 다만 직업군에 따라 육아 하는 여성이라던가, 워킹맘, 주부 등을 대상으로 할 때는 자연스레 성별과 혼인 여부 등은 구분 지어집니다. 물론 혼인을 하지 않고, 육아를 하는 여성 및 워킹맘도 있기에 이에 대해서는 좀 더 세세한 구분 설정이 필요합니다.

직장생활을 할 당시, '어떻게 하면 일에 대한 인정을 받으면서도 행복할 수 있을까?'에 대한 고민을 많이 했었습니다. 내 경험에서 찾은 해답은 '책을 쓰는 것'이었습니다. 책을 쓰면서 자신의 가치를 인정하게 되고, 그로 인해 일은 물론 일상에서의 행복도 찾게 되었기 때문입니다. 그러다 보니 자연스럽게《하루 1시간, 책 쓰기의 힘》을 쓰게 되었고, 이 책을 쓸 때 내 앞에 앉아있던 핵심 독자는 다음과 같았습니다.

'인생을 바꾸기 위해 책을 쓰고 싶지만, 무엇부터 해야 하는지 모르는 30~50대 독자'

내 앞에 있는 그 사람의 고민과 원하는 것, 그리고 연령대를 설정하여 나만의 독자를 만들고, 이야기를 나누듯이 글을 썼습니다. 지금도 나는 당신과 함께 이야기를 나누고 있는 것뿐입니다. '책을 쓴다'라는 개념을 앞세우다 보면, 어깨에 힘이 들어갈 것이 당연하기 때문입니다. 당신 앞에 있는 한 사람과 이야기를 나눌 준비가 되었는지요. 그렇다면 잠시 이야기를 나눠보세요. 그 사람이 어떤 고민을 하고 있는가요. 그 사람이 원하는 것은 무엇인가요.

이제, 더 많은 사람을 초대할 차례입니다. 초대될 확산 독자에 대해서는 다음에 이어서 이야기를 자세히 나누겠습니다.

초대받지 않은 손님이 되지 않도록 하라

내 이야기를 듣고 있는 단 한 사람, 핵심 독자를 넘어, 확산 독자를 초대해 봅시다. 초대해야 하는 이유가 무엇일까요. 작가의 생각 이상으로 다양한 사람들이 당신의 책을 선택하기 때문입니다. 만약 그들을 초대하지 않고, 글을 쓴다면 생각보다 놓쳐지는 부분들이 많게 됩니다.

예를 들어보겠습니다. 만약 당신이 핵심 독자를 '일과 육아 사이에서 고민하는 30대 워킹맘'이라고 설정했다고 가정해보겠습니다. 우선 연령대를 확산할 수 있습니다. 이제 막 경력단절이 된 독자층을 타깃으로 하기 위해, 30대로만 설정해놓았다 하더라도, 40대~50대 독자층도 당신의 책을 펼칠 수 있습니다. 결혼이나 출산을 해당 연령대에 했다거나, 결혼 후 다소 늦어진 사람들도 충분히 있을 수 있기에, 확산 독자로 초대해 놓는 것이 좋습니다.

연령대뿐만이 아닙니다. 결혼을 앞둔 20대일 경우도 있고, 이혼 등으로 인해 혼자 일과 육아를 전담하고 있는 예도 있습니다. 50~70대 나이의 사람이 부모로서, 30대 워킹맘 자녀에게 선물로 주기 위해 당신의 책을 살 수도 있습니다. 혹은 구매자가 그녀의 남편일 수도 있습니다. 확산 독자에는 해당하기 힘들지만, 해당 콘텐츠에 관심이 있는 강사, 기업 교육 섭외 담당자들이 당신의 책을 읽어볼 수도 있습니다.

핵심 독자로 초대하기 힘들었던 영역에 있던 사람들이나 초대하고 싶었으나 아쉬웠던 사람들을, 확산 독자로서 당신의 테이블 앞에 초대할 수 있습니다. 다른 연령대, 성별, 직업군 등등에 있는 사람들도 당신의 책을 읽을 수 있고, 그들에게도 충분한 관심을 보여줄 방법이 있습니다.

확산 독자는 당신이 보여줄 관심의 범위입니다. 지금만큼은 다소 오지랖을 부려도 괜찮습니다. 그들이 소외당하고 있다는 느낌을 받지 않도록 고려할 수 있는 한 최대한의 확산 독자를 초대하세요. 물론 너무 많이 초대하면, 앉을 자리도, 드릴 음식도 부족함을 인지해야 합니다. 무엇이든 적당한 것이 좋습니다.

집필 내내, 그들을 잊지 마라

핵심 독자, 확산 독자를 적극적으로 활용해야 합니다. 책을 쓰는 내내 그들을 당신 앞에 앉혀놔야 합니다. 그래야 길을 잃지 않고, 진심을 다해, 초심으로 글을 써 내려갈 수 있습니다. 그들을 잊지 않을 수 있는, 한 가지 좋은 방법을 알려드리겠습니다.

준비물은 A4용지 한 장과 광고가 실려 있는 잡지 하나만 있으면 됩니다. 이 A4용지는 당신의 책상 앞에 붙여놓을 것이기에 가급적 새 종이를 가지고 오세요. 종이에 테이블 하나를 그려서 한쪽 의자에 당신의 얼굴을 그리거나, 얼굴 사진을 붙여놓으세요. 그리고 반대편 의자에는 여러분이 좋아하거나 편하게 생각하는 인물의 사진을 잡지에서 오려 붙이세요.

그리고 그 뒤편에는 몇 사람의 얼굴을 더 붙여놓으세요. 당신 앞에 있는 사람은 핵심 독자, 그 뒤에 있는 사람들은 확산 독자입니다. 해당 요건에 맞게, '인생이 달라지길 원하지만 무엇을 해야 하는지도 모르는 30~40대 직장인 이모씨', '30대 워킹맘을 아내로 둔 남편 김00씨', '10대 자녀를 둔 30대~40대 엄마' 이런 식으로 사진 밑에 모두 적어놓으세요. 잡지가 없으면 인터넷 검색으로 찾아서 프린트해도 되고, 포토샵 등 디자인 툴을 다룰 줄 안다면 너무 시간이 뺏기지 않는 범위에서 간단히 만들어 봐도 됩니다.

만들어진 종이를 앞에 두고, 그들과 이야기를 나누세요. 그들이 어떤 고민을 하고 있는지, 집필하는 내내 보면서 잊어버리지 마세요. **작가는 자신의 머리와 의지를 믿어서는 안 됩니다.** 초심을 지킬 수 있다는 자만을 해서도 안 됩니다. '에이, 너무 유치하잖아' 라고 하며 행동하지 않는다면, 분명히 집필 중간에 그들을 잊어버리게 됩니다.

집필 내내, 그들을 잊어서는 안 됩니다. 당신이 쓰고 있는 글은, 책을 통해 그들에게 읽힐 것입니다. 그들이 당신이라는 작가의 책을 읽으면서 당신이 보이는 관심과 애정을 느낄 수 있어야 합니다. 핵심 독자 한 사람과 이야기를 나누다가도, 뒤에서 참관하고 있는 확산 독자들 한 사람, 한 사람을 지목하면서 그들의 이야기도 들어줄 수 있을 때, 당신의 책은 완전해집니다.

작가는 처음 책을 쓰려는 목적과 마음이 유지되어야 합니다. 그들에게 보이는 관심이 바로 초심(初心)이고 진심(眞心)이 됩니다.

이를 위해서, 위와 같이 다소 유치한 짓도 감행해야 합니다.

집필 내내, 그들을 잊어서는 안 됩니다. 당신이 쓰고 있는 글은, 책을 통해 그들에게 읽힐 것입니다. 그들이 당신이라는 작가의 책을 읽으면서 당신이 보이는 관심과 애정을 느낄 수 있어야 합니다. 핵심 독자 한 사람과 이야기를 나누다가도, 뒤에서 참관하고 있는 확산 독자들 한 사람, 한 사람을 지목하면서 그들의 이야기도 들어줄 수 있을 때, 당신의 책은 완전해집니다.

당신은 이미 답을 알고 있다

꼭 알려주고 싶은 것이 3가지 있습니다.

첫째, 핵심 독자는 사실, 책을 쓰기 이전에 당신 자신입니다.

당신이 넘어선 그 자리에 여전히 머물고 있는 그들을 위해 글을 쓰기로 결심하고, 책을 출간하기로 결심한 당신입니다. 당신 앞에 있는 그 한 사람은, 과거에 힘들어하던 자신임을 기억해야 합니다.

둘째, 확산 독자는 내 가족, 친구, 동료입니다.

이전 힘든 시기에 내게 관심을 보여줬던 사람들, 나를 일으켜줬던 사람들, 또 나와 함께 힘들어했던 사람들이 모두 당신의 확산 독자입니다. 힘겨워하며 당신의 책을 선택한 핵심 독자 한 사람을 일으켜 줄 동반자들, 그리고 나와는 다른 환경, 다른 곳에 서 있었지만 함께 힘들어하며 이 길을 걸어온 사람들이 바로 확산 독자입니다.

셋째, 질문이 이끄는 삶, 질문이 이끄는 책을 만들어야 합니다.

어떻게 하면 더 행복해질 수 있을까? 어떻게 하면 더 건강해질 수 있을까? 어떻게 하면 내가 가진 가치들을 더 자세히 알릴 수 있을까? 어떻게 하면 일에 대한 성과를 더 낼 수 있을까? 어떻게 하면 관계를 잘 풀어나갈 수 있을까? 어떻게 하면 보다 더 나은 삶을 살 수 있을까? 질문을 통해 해답을 찾아가는 것이 바로 책이고, 그 책에 글을 담는 사람은 바로 당신입니다.

질문은 걱정과 다릅니다. 과거의 일들을 계속 후회하거나, 일어나지도 않은 일 때문에 힘들어하는 것은 걱정입니다. 하지만 모두 함께 잘 살아가기 위해, 행복하기 위해, 풍요롭기 위해, 건강하기 위해 방법을 연구하고, 지난 경험에서 해답을 찾아가는 것이 삶을 이끌어가는 질문이고, 건강한 고민입니다. 해답은 당신이 살아온 인생에 고스란히 묻어 있습니다. 질문을 띄워놓고, 자신의 이야기를 써 내려가다 보면, 그 안에 모든 해답이 숨겨져 있었다는 것을 발견하게 됩니다.

당신은 이미 그 해답을 알고 있습니다. 초대된 그들에게 해답을 알려주세요. 별것 없습니다. 당신의 이야기를 진심을 다해, 아주 솔직하게 풀어내기만 하면 됩니다. 꼭 무엇을 '하라'고 말할 필요도 없습니다. 당신의 경험 속에 담긴 솔직한 '성공'과 '실패'를 풀어내는 것만으로도, 그저 무엇을 '했다'라는 독백형 문장 하나만으로도, 그들에게는 최고의 해답이 됩니다.

마지막으로, 이 말을 꼭 전하고 싶습니다. 이런 이야기를 나눌 수 있을 만큼, 이런 이야기를 공감하며 받아들일 수 있을 만큼, 당신은 충분히 잘 살아왔습니다. 당신은 이미 작가가 될 자격이 충분합니다. 누군가의 위로가 될 자격이 충분합니다. 잘 버텨왔고, 잘 견뎌왔습니다.

10

대변화가
시작되다

대변화의 신호탄,
극한의 3가지 두려움

지금 전 세계는 포스트 코로나 시대에 앞서 많은 홍역을 앓고 있습니다. 대부분의 국가들이 경제적 불황을 겪고, 많은 사람의 목숨이 사라지며, 서로를 치밀하게 경계하는 상황이 벌어졌습니다. 이런 시대에 사는 우리는 가장 힘든 시기를 보내고 있습니다. 점점 희망은 사라지고, 절망적인 뉴스만이 연일 계속되고 있습니다. 이럴 때 우리는 무엇을 해야 하며, 어떻게 살아가야 할까요.

아무리 생각해도 무엇을 해야 할지, 어떻게 살아가야 할지 막막하다는 사람들이 속출하고 있습니다. 그렇지 않길 진심으로 바라지만, 이 글이 책이 되어 읽히고 있는 순간까지도 이 사태가 계속되고 있다면, 더 큰 팬데믹 속에 많은 사람이 삶의 희망을 잃고 있을 것입니다. 이럴 때 우리가 할 수 있는 것은 단 하나밖에 없습니다.

이제는 현상이 아닌 '본질'을 봐야 합니다. 사실이 아닌 '진실'을 들여다봐야 합니다. 당신이 보고 있는 이 세상의 현상은 어지럽지만, 본질은 고요합니다. 당신이 보고 있는 사실은 절망적이지만 진실은 희망적입니다. 글을 쓰는 작가는 그러한 본질과 진실을 볼 수 있어야 합니다. 하지만 본질과 진실을 만나기 위해, 당신은 다음 3가지 두려움을 인지해야 합니다.

첫 번째, '가난에 대한 두려움' 입니다.

나폴레온 힐은 자신의 저서《성공의 법칙 The Law of Success》에서 "가난처럼 인간에게 고통과 모멸감을 안겨주는 것이 없다." 라고 말했습니다. 그러면서 "인간이 가난을 두려워하는 것도 전혀 무리가 아니다."라며 가난에 대해 인간이 가진 본능적 두려움에 대해 서술했습니다.

코로나 19 바이러스 창궐로 인해, 수많은 사람의 출입이 통제되고, 상호 거래가 끊기기 시작했습니다. 많은 자영업자가 도산하고, 나라 경제에도 심각한 영향을 미치며, '가난에 대한 두려움' 속에 우리를 몰아넣고 있습니다.

두 번째, '죽음에 대한 공포' 입니다.

인간의 생명은 어디서 왔고, 어디로 가는지 알 수 없는 세상에서 살고 있습니다. 어떤 거대한 존재를 통해 자신의 존재를 알게 되고,

그에 대한 해답을 찾아가는 과정 자체를 '삶'이라고 명시할 수 있다 해도, 우리는 죽음에 대한 공포에서 초연해질 수 없습니다.

두려움 중에서도 가장 커다란 두려움, 바로 죽음에 대한 공포입니다. 우리는 언제 어디서, 어떻게 죽을지 모르는 공포 속에서 살고 있습니다.

세 번째, '타인의 시선에 대한 두려움'입니다.

인간은 타인의 시선에 지대한 영향을 받으며 살아갑니다. 수치심을 가리기 위해 옷을 입고, 명성을 뽐내기 위해 차와 집, 명품 옷을 삽니다. 대머리임을 감추기 위해 가발을 쓰고, 약점이라고 생각되는 부분을 가리기 위해 포장을 합니다. 진정 자신이 원하는 것이 무엇인지도 모른 채, 남들의 시선에 맞추기 위해 보이는 기준을 설정해갑니다.

옳고 그름이 아닌, 인간의 기본적인 속성이 그러하기에, 나도, 당신도 타인의 시선을 의식하며 살아가고 있습니다. 무엇보다 인간은, 일정한 무리에서 자신을 향해 비판이 가해지는 것을 가장 두려워합니다. 속해있는 사회, 직장, 가족 등의 무리에서 자신의 속내가 드러내지는 것을 가장 두려워합니다.

책을 쓰기 시작한 사람들이 가장 크게 동요하는 부분도 '타인의 시선에 대한 두려움'입니다. 솔직해지고 싶지만, 솔직할 용기가 없기 때문입니다. 자신에 대한 믿음과 확신이 없음은 물론, 다른 사람들의 비판을 감수할 용기가 없기에 책을 쓰고 싶은 마음과 두려움이 충돌하게 됩니다.

'코로나19' 사태 또한 마찬가지입니다. '확진자'라는 꼬리표가 붙으면 그야말로 마녀사냥이 시작되고, 주홍글씨가 붙게 됩니다. 직장에서 쫓겨나고, 무리에서 떨어지게 되고, 사회에서 격리당합니다. 그리고 그 이후에도 '확진자'였다는 꼬리표는 정상적인 사회활동을 하기 어렵게 만들어 버립니다. 어쩌면 가난과 죽음의 두려움보다도, 더 강력한 두려움일지도 모른다는 생각이 듭니다.

두려움을 넘어서기 위해서는 회피가 아닌 직면을 선택해야 합니다. 그런 사람만이 포스트 코로나 시대에 진입할 수 있습니다. 두려움을 넘어선 사람만이 작가로서, 새로운 인생을 열어갈 수 있습니다.

네 자신을 일으켜라

위에서 설명한 '두려움들'은 대변화의 전조입니다. 나는 앞서 말했듯이 2014년 겨울, 죽음의 문턱에서 3가지 두려움을 한꺼번에 마주 봤던 경험이 있습니다. 그리고 이에 대한 극복을 통해 완전히 변화된, 새로운 삶을 열어갈 수 있었기에, 지금 이 시대에 직면한 3가지 두려움은 완전한 대변화의 전조증상임을 확실히 느낄 수 있습니다.

대변화란 완전히 비우고 다시 채워짐을 뜻합니다. 비우기 위해서는 진실하고 투명해야 하며, 채워지기 위해서는 완전히 열려 있는 생각과 의식을 지녀야 합니다. 이것이 대변화라고 생각합니다.

'2012년 미국 타임지 세계에서 가장 영향력 있는 100인'에 선정되었던 미국의 금융인, 레이 달리오(Ray Dalio)는 그의 저서 《원칙 PRINCIPLES》에서, 현실을 수용하고 대처하기 위한 방안을 설명하며 "진실(보다 정확하게는 현실에 대한 날카로운 이해)이 좋은 결과를 만들어내는 가장 중요한 토대이다. 그리고 극단적으로 열린 생각을 갖고, 극단적으로 투명해져라."고 말했습니다. 그는 위의 말에 덧붙여 '용기를 내야 하는 결정'이라는 제목으로 두려움을 넘어서기 위한 다섯 가지 방법을 요약했습니다.

첫째. 당신이 진실이기를 바라는 것과 진짜 진실을 혼동해서는 안 된다.
둘째. 남에게 잘 보이려고 걱정하지 마라. 그 대신 목표를 달성하는 것에 대해 걱정하라.
셋째. 2차, 3차 결과와 비교해 1차 결과에 너무 큰 비중을 두지 마라.
넷째. 고통을 피하지 말고, 고통에 다가가라.
다섯째. 통제할 수 없는 것에 대해 불평하는 대신, 결과에 대해 책임져라.

나는 지금 이 시기가 글을 쓰고, 작가로 성공하기에 가장 좋은 기회라고 생각합니다. 그리고, 가장 어려운 시기라고도 생각합니다.

가장 좋은 기회라고 생각함은, 작가라는 존재는 글을 쓰면서 자연스럽게 진실 되어 가며, 열린 생각을 가지게 되고, 기꺼이 현실에 순응하는 존재로 살아가기 때문입니다. 그래서 나는, 당신이 어떤 일을 하고, 어떤 꿈을 꾸든 간에, 나처럼 매일 글을 쓰고, 작가의 삶을 살아가길 바랍니다.

가장 어려운 시기라고 생각함은, 대부분의 사람은 진짜 진실을 바라볼 용기가 없고, 남에게 잘 보이는 것에 거의 대부분의 에너지를 사용하며, 여러 번 시도해 볼 열정을 가지고 있지 않고, 고통을 피하는 데 급급하며, 통제할 수 없는 것에 대해 불평하는 데에 하루를 소모하기 때문입니다.

모두 느끼고 있겠지만, 지금은 대변화의 시기입니다. 끝은 또 다른 시작이며, 나락은 대변화를 위한 전환점입니다. 우리는 지금 피할 수 없는 거대한 해일을 만났습니다. 가지고 있던 모든 것을 내려놓을 각오로 나아가야 합니다. 비워야 하고 새롭게 채워야 합니다. 비우면 알아서 채워지는 경험을 해야 할 때입니다. 태어날 때부터 저절로 채워진 우리의 본질과 진실처럼, 우선 비워야 합니다.

비워야 하고, 버려야 하고, 열려야 하며, 투명해야 합니다. 하지만 머리로는 알겠는데, 도저히 꽉 쥔 손이 놓아지질 않습니다. 발걸음이 움직여지질 않습니다. 그렇다고 스스로를 탓할 필요는 없습니다. 우리 인간은 원래 자신의 의지를 스스로 통제하고 관리하기 힘든 존재이기 때문입니다.

그래서 나는 당신에게 글을 쓰라고, 당신의 책을 가지라고 말합니다. **작가로서 글을 써나가는 것 자체가 지금과 같은 대변화의 시기**

에, 흔들리지 않는 굳센 심지와 중심을 잡아주는 유일한 길임을 나는 확신합니다.

오로지 쓰는 행위만으로, 당신은 진실해지고, 본질을 회복할 것입니다. 스스로 일어서게 될 것입니다. 다시 일어서게 될 때는, 가식이 아닌 솔직함으로 용기 있는 행보를 해나가며, 진정성 있는 성공을 성취할 것입니다. 감춰왔던 과오는 드러내고, 상처는 회복하며, 진정 자유로운 삶을 살아가게 될 것입니다. 그것이 당신이 원하는 삶이고, 이것이 이 시대에 직면한 '작가'의 이름 속에 내재된 진실입니다.

첫째. 당신이 진실이기를 바라는 것과 진짜 진실을
혼동해서는 안 된다.

둘째. 남에게 잘 보이려고 걱정하지 마라. 그 대신
목표를 달성하는 것에 대해 걱정하라.

셋째. 2차, 3차 결과와 비교해 1차 결과에 너무 큰
비중을 두지 마라.

넷째. 고통을 피하지 말고, 고통에 다가가라.

다섯째. 통제할 수 없는 것에 대해 불평하는 대신,
결과에 대해 책임져라.

잠깐, 내 이야기를 들려줘도 될까?

글을 쓰고 있는 지금 이 시각, 저녁 11시 34분이 지나고 있습니다. 30분 전에 글을 쓰려고 자리에 앉았지만 딸아이에게서 '아빠, 통화할 수 있어?'라고 문자가 오는 바람에, 30분간 통화를 먼저 하게 되었습니다. 아이 성격상, 먼저 전화나 문자를 잘하는 성격이 아닌지라, 직감적으로 '무슨 일이 있구나'라는 생각이 들어서 바로 통화 버튼을 눌렀습니다.

전화를 받은 딸아이의 목소리는 예상대로, 울다가 받은 목소리였습니다. 울음을 참으며 '아빠 안 자고 있었어?'라는 물음에 '자고 있어도 우리 딸 전화는 받아야지'라고 이야기하며 분위기를 풀어보았지만 딸아이의 처진 목소리는 여전했습니다.

"…. 무슨 일 있었어?"

물어보는 순간, 수화기 너머 눈물이 터지는 소리가 들렸습니다. 잠시 기다려주고 나니, 딸아이는 조금 진정이 된 듯, 입을 열었습니다. "아빠, 친구들이 내가 너무 만만한가 봐. 내게 어떤 행동을 해도 나는 화를 안 내는데, 그게 그 애들한테는 '쟤는 어떻게 대해도 괜찮아'가 되어 버렸나 봐. 친한 친구들 말고, 다른 아이들도 나를 너무 함부로 대하는 것 같아서 너무 속상해."

내게 전화하기 전, 엄마하고 이야기하면서 충분히 풀렸다고 생각했었지만, 무슨 일 있었냐는 내 물음에 남았던 서러움이 폭발한 것 같았습니다. 들어주는 것만으로도, 고민했던 것들이 해결될 수 있었지만, 꽤 오래전부터 이 문제로 고민하고 있었던 걸 알고 있었던 터라, 조심스레 딸에게 물어보았습니다.

"딸, 괜찮다면 아빠 이야기를 조금 해도 될까?"

고개가 끄덕이는 소리가 들릴 정도로, '괜찮아'라고 말한 딸에게 나는 이런 이야기를 들려주었습니다.

"아빠도 예전에 똑같은 일들 때문에 참 많이 속상했었어. 나는 잘해주려고 한 것뿐인데, 왜 주변 사람들은 나를 점점 함부로 대하는지…. 화도 내어보고, 울어도 보고, 해결하려고 이런저런 노력을 해보았지만 결국, 주변 사람들에 대한 원망만 깊어져 가더라. 그러다 보니, 점점 혼자 있게 되고, 사람들을 만나는 것도 싫어지더라고. 아빠가 그때 할 수 있는 건, 아무것도 없다는 생각이 들었었어.

처음에는 사람들과 부딪히지 않으면서 혼자 할 수 있는 게 '작가'라는 생각이 들어서 택한 아빠의 일이었는데, 글을 쓰면서 비로소 알게 되었어. 사실, 나는 그 사람들에게 '잘해주려고 했던 것'이 아니라, '잘 보이고 싶었다는 것'을 말이야.

일부러라도 잘해주지 않으면, 그 사람들이 나를 떠날 것 같은 두려움 때문에, 나는 점점 내 몸과 마음을 상하면서까지 그 관계를 지키려고 애를 썼다는 것을 글 속에 있는 아빠 자신을 보고 알게 되었던 거야. 나는 나를 믿지 못했고, 내가 부족하고 여겼었어. 그런 나에게서 사람들이 떠나갈까 봐 두려워서 그랬다는 걸 알게 되었었지. 결국 내가 나를 믿어주지 못했기에 생겨난 문제였던 걸 알게 되었어."

그리고 나는 딸에게 '나는 이래, 넌 어때'라고 질문을 던져 주었습니다. 그때 딸은 잠시 침묵을 하더니, 조심스레 입을 뗐습니다.

"나도 그래. 나도 나를 믿지 못했어. 친구들이 나를 떠날까 봐 두려웠던 게 맞아."

짧은 대답이었지만, 그녀가 그 대답을 했다는 것만으로도, 내가 그 아이에게 해 줄 수 있는 것을 이미 다 해주었음을 알 수 있었습니다. 이제는 그녀의 몫이 되었습니다. 내가 만약 '아빠'라는 권위 의식을 가지고 딸을 대했다면, 나는 딸과 이런 대화를 하지 못했을 것입니다. 아빠로서 '잘 보이기 위한 좋은 말들'을 나열했다면, 나는 딸아이에게 그저 그런 어른이 되었을 것입니다.

나는 내가 아빠로서 잘하고 있다고 자랑하기 위해서 이 글을 쓴 것이 아닙니다. 나는 딸에게 이혼을 경험하게 했고, 한 달에 1~2번밖에 보지 못하면서 그녀에게 아빠의 부재를 경험하게 한 '나쁜 아빠'입니다. 하지만 나는, 지나 온 일에 후회만 하고 있거나, 해주지 못하는 것을 한탄하며, 이 순간 내가 해 줄 수 있는 것까지 놓치고 싶지 않았습니다.

가장 중요한 것은 내 딸은 내게 세상에서 가장 소중한 존재라는 점이었고, 그 아이를 위해 할 수 있는 최선은 나 자신이 바로 서는 것임을 알고 있습니다. 그녀가 오늘처럼 나를 찾을 때, 나는 언제나 우뚝 서 있는 큰 나무로서, 그녀를 비추는 태양으로서, 시원한 바람으로서, 깨끗한 바다로서, 존재해 주는 것이 내가 할 수 있고, 해야 할 일임을 알고 있기에, 누가 뭐래도, 남들이 어떻게 보든, 나는 그녀에게 '좋은 아빠'로서 존재할 수 있었습니다.

나는 그녀와 나의 대화를 통해 당신이 작가로서 어떤 방향성을 가져야 하는지 알려주고 싶습니다. 위 이야기는, 아빠로서 딸과 이야기를 나누는 것을 넘어, 한 인간과 인간의 소통이었기 때문입니다. 작가와 독자 또한 **작가와 독자라는 틀을 넘어, 결국 인간들의 진솔한 소통이 가장 중요함을** 우리는 인지해야 합니다.

해결하지 말고,
해결하게 하라

나는 작가라는 존재가 **'문제를 공론화하는 사람'**이라고 생각합니다. 다시 설명하면, '문제를 수면 위로 꺼내는 사람'입니다. 사람들은 보통 자신의 문제점들을 인지하면서도 밖으로 꺼내지는 못합니다. 혹은 어떤 점이 문제인지도 모른 채, 헛바퀴만 돌리며 고통받고 있습니다.

작가는 그러한 문제점을 정확히 짚어내는 사람이어야 합니다. 정정하겠습니다. 문제점을 짚어내는 사람이 되기보다 문제점을 '이끌어내는' 사람이 되어야 합니다. 내가 그녀에게 "무슨 일 있어?"라고 물어본 것처럼 말입니다.

현상에서 일어나는 문제점들을 해결하기 위해, 많은 사람은 주변 사람들에게 원망과 미움을 보냅니다. 억울하고, 슬픈 마음으로 인해 자신은 점점 더 피해자가 되어가게 됩니다. 하지만 그 원인을 제대로 파악하지 못하면, 그 억울함과 슬픔은 날이 갈수록 더해만 가게 됩니다.

문제를 공론화한다고 해서 나는 사람들이 '문제가 있다'라고 생각하지 않습니다. 좀 더 명확히 말하자면 '원인을 파악하라', 더 나아가, '표면적인 문제를 일으키는 네 안에 숨겨진 원인을 찾아라'가 하고 싶은 말입니다.

숨겨져 있는 원인을 발견하여 수면 위로 떠오르게 하기 위해서는 마음이 완전히 열려야 합니다. 그래야 투명해지고, 원인을 볼 수 있습니다. 상대방의 마음이 열리기 위해서 작가만이 할 수 있는 최고의 명약을 당신은 가지고 있습니다.

바로 작가의 진솔한 이야기입니다. "딸, 괜찮다면 아빠 이야기를 조금 해도 될까?"라고 물어본 것처럼, 당신의 이야기를 가감 없이 풀어내면 됩니다. 당신이 꺼낸 이야기는 '너만 그런 경험을 하고 있는 게 아냐'라는 것을 알려줄 수 있습니다. 굳이 가르치려 하지 말고, 그저 당신의 이야기를 진솔하게 풀어주면 됩니다.

사람은 원인을 발견하게 되면, 해결할 수 있는 방안을 '떠올리게' 됩니다. 시간과 기간의 차이가 있을 뿐, 원인을 알게 되면 해결은 그저 되어 집니다. 당신은 이미 그런 경험을 해보았을 것입니다. 때문에, 당신이 작가로서 독자에게 해줄 수 있는 것은 단 하나, '원인을 발견하게 하는 것'입니다. 당신의 진솔한 이야기가 왜 필요한지, 얼마나 중요한지, 꼭 기억하길 바랍니다.

30분간의 통화를 마치며, 나는 마지막으로 그녀에게 이런 이야기를 전해주었습니다. "오늘 아빠와 나눈 이야기를 통해, 네가 발견한 두려움을 글로 써서 정면으로 마주보길 바라. 그리고 지금의 상황을 개선하고 싶다면, 이제 남이 아닌 너 자신에게 더 많은 애정과 관심, 그리고 믿음을 주어야 할 거야. 그 과정이 절대 쉽진 않아. 하지만 매일 글을 쓰면서 그날그날의 너 자신을 만난다면, 넌 반드시 지금 이 문제를 해결하게 될 거야."

누구에게도 이야기하지 못했고, 때론 무엇이 원인인지도 알지 못하는 문제들 속에서 괴로워했던 우리입니다. 그리고 그 문제들을 하나씩 헤쳐 나오며 깨달은 것들을 작가로서 나눠줄 때입니다. 문제의 경중은 없습니다. 아무리 작은 가시라도, 손톱 밑을 파고 들면 아픈 법이니까요. 매번 그 가시를 아무리 빼주어도, 손톱 밑에 가시가 박히는 원인을 스스로 찾지 못한다면, 그것은 진정한 도움이 아닙니다.

때로는 그 원인이 얼굴이 빨개질 정도로 부끄럽고, 수치스럽고, 외면하고 싶을지라도, 이제는 **독자들 스스로 그 문제를 해결할 수 있도록 당신이 존재해주길 바랍니다.** 항상 강조하지만, 당신은 그럴 자격이 이미 충분합니다. 그래서 나와 이 이야기를 나누고 있는 것입니다. 그래서 당신은 글을 써 내려가고 있는 것입니다.

11

책을 마케팅하다

깊숙이 보아야 보이는 것들

마케팅이란 무엇일까. 마케팅의 사전적 정의를 찾아보면 '생산자가 상품 또는 서비스를 소비자에게 유통하는 데 관련된 모든 체계적 경영활동'이라고 되어 있습니다. 더불어 '시장 조사, 상품화 계획, 선전, 판매 촉진' 등을 마케팅이라고 정의합니다. 책은 하나의 제품입니다. 그리고 그 책을 판매하는 주체는 작가와 출판사입니다.

작가의 힘이 없이는 출판사 홀로 마케팅을 해나갈 수 없습니다. 일반적인 제품의 경우, 생산자가 한 명 혹은 하나의 회사입니다. 하지만 책은 생산자가 둘입니다. 작가는 글을 생산하고, 출판사는 책을 생산합니다. 작가는 콘텐츠를 생산하고, 출판사는 포장지를 생산합니다. 이 둘의 합이 잘 맞아야 책의 마케팅은 성공할 수 있습니다. 상담하기 전에 꼭 던지는 질문이 있습니다.

"왜 책을 쓰려고 하는가요?"

이 질문에 많은 사람이 "브랜딩을 하고 싶어서요.", 혹은 "운영하는 회사의 마케팅을 위해서요."라고 대답합니다. 내가 이 질문을 가장 먼저 하는 이유는, '브랜딩, 마케팅을 위해 책을 쓴다'라는 제1의 목적을 가지고 책을 쓰기 시작할 때 일어나는 결과에 대해 정확히 알려주고 싶기 때문입니다. 대부분의 사람이 본인이 예상하는 결과와 판이한 결과물을 보게 되는 현상이 일어날 수 있기에, 지금부터 하는 내 말을 귀 기울여 듣기 바랍니다.

나는 제품이 아닌 책에 대해서는 **이제까지 당신이 알던 마케팅의 개념과는 좀 더 다른 시각이 필요하다**고 생각합니다. 예를 들어 봅시다. 대한민국 최대 포털 사이트인 '네이버'에 키워드 광고, 파워링크 등을 비용을 주고 등록시킨다면, 당신의 제품은 노출될 것입니다. 하지만 비용이 떨어지거나, 부족하게 된다면, 상단 등록에서 삭제되거나, 뒤로 밀리게 됩니다. 이것이 대부분의 사람이 이제까지 알던 마케팅의 개념입니다.

하지만 내가 경험한 책의 마케팅은 조금 다른 개념을 가져야 합니다. 책은 인문학(人文學)적 개념으로 접근해야 합니다. 인문학이란 사람의 글을 담은 학문이며, 사람의 글이란 한 사람의 인생을 풀어낸 가치입니다.

인생의 가치는 대충 겉으로만 보고 알 수는 없습니다. 더욱 깊숙이 들여다보고, 살펴보아야 합니다. 그래서 글로 풀어진 것이고, 책으로 전달되는 것입니다. 그렇게 만들어진 책 한 권은 한 사람의 인생을 바꿉니다. 그리고 그 한 사람의 인생이 또 한 사람의 인생을 바꿉니다.

책은 인문학(人文學)적 개념으로 접근해야 합니다.
인문학이라는 사람의 글을 담은 학문이며, 사람의
글이라는 한 사람의 인생을 풀어낸 가치입니다.

두려워말고,
핵심을 제공하라

오프라인 서점에 가 보면, 앉아서 책을 읽을 수 있는 자리가 마련되어 있습니다. 어릴 적 기억을 더듬어보면, 대부분의 책은 비닐에 쌓여 있어서 읽어볼 수 없었고, 행여나 책을 펼쳐서 읽고 있으면, 서점 직원들이 책이 구겨지니 읽지 말라고 제재하기도 했습니다. 하지만 지금은 어떻습니까. 충분히 읽어보고, 그 책의 소장 가치를 파악한 후, 책을 구매합니다.

이제 책이라는 제품은 직접 체험해보고 사야 하는 영역이 되었습니다. 게다가, 겉핥기식의 체험이 아닌, 충분히 교감하고 충분히 읽힌 후에야 구매가 가능한 시대가 되었습니다. 눈에 쏙 들어오는 제목, 디자인 등이 표면적 마케팅 요소라면, 글은 이 책의 구매를 결정하게 되는 가장 중요한 요소입니다.

책의 제품적 가치를 위해, 출판사에서 제목과 디자인 등을 기획하고, 팔리기 위한 마케팅을 준비합니다. 하지만 가장 중요한 가치인 글에 대한 마케팅은 글을 쓴 당사자, 작가가 중심에 있어야 합니다. 책이 출간된 이후에도 작가는 자신의 글을 알리는 행위를 멈춰서는 안 됩니다. 책을 '팔기 위한' 의도가 아닌, 작가의 글을 통해 알려주고 싶은 이야기들을 끊임없이 반복하여 전달하기 위해 스스로 노력해야 합니다.

'브랜딩을 하기 위해서, 마케팅하기 위해서'라는 의도는, 출판사에서 책이라는 제품을 만들어낼 때 만드는 기획적 요소로 충분합니다. 지금 당신에게 필요한 것은 진심을 다해, 자신의 인생을 전달하는 글을 쓰는 것, 그것 외에는 그 어떠한 의도도 첨가하지 않아야 합니다. 그런 마음으로, 책을 출간한 후에도 블로그, SNS, 강연, 상담 등을 통해 당신의 글에 담긴 진심을 전달해야 합니다.

당신이 줄 수 있는 핵심을 주세요. '너무 다 줘버리고 나면, 나중에 나를 찾아오지 않으면 어쩌지?'라는 생각은 저 멀리 던져버리길 바랍니다. 당신의 의도는 글에 모두 묻어나게 되어있습니다. 당신의 글을 읽는 독자들을 향해 줄 수 있는 최선의 것을 주세요. 도리어 그것이 당신이 예상하지 못한 최고의 마케팅이 된다는 것을 경험하게 될 것입니다.

의도를
의도하지 마라

책의 마케팅 요소 중 가장 중요한 것은 콘텐츠입니다. 아무리 홍보를 잘해도, 막상 마주한 콘텐츠가 형편없다면 그 홍보는 하나 마나 한 일이 되기 때문입니다. 당신이 판매할 수 있는 최고의 콘텐츠는 무엇일까요. '나는 콘텐츠가 없어'라고 생각한다면 여전히 당신은 자신을 과소평가하고 있거나, 당신이 어떤 사람인지 남들보다 모르고 있는 것입니다.

내가 알게 된 최고의, 최선의 콘텐츠는 '나의 경험'이었습니다. 우리가 겪어온 경험에는 인생의 진리가 묻어있습니다. 성공과 실패는 숨겨야 할 대상이 아닙니다. 비판하거나 자만해야 할 대상도 아닙니다.

그저 풀어내는 것만으로, 누군가에게 커다란 힘이 되고, 정보가 됩니다. 책을 잘 쓰고 싶다면, 당신의 인생이라는 최고의 콘텐츠를 우선, 쭉 나열해보세요. 그 콘텐츠들은 당신의 글을 빛나게 할 재료가 되어 최고의 요리를 완성하게 됩니다.

진심으로, 당신의 책이 사랑받길 바랍니다. 어떠한 의도의 첨가 없이, 오로지 자신의 책을 읽는 독자에게 하나라도 더 드러내고, 설명하고, 알려주는 목적으로 글을 쓰길 바랍니다. 순수한 진심의 결정체가 담긴 글이 완성되면, 그때는 멋진 카피 문구와 디자인, 질감 좋은 종이로 구성된 책이 당신을 높여줄 것입니다.

당신은 당신이 할 수 있는 것을 하면 됩니다. 비우면 채워집니다. 낮아지면 높여집니다. 브랜딩과 마케팅이란, 돈을 주고 사는 것이 아닌, 자신을 있는 그대로 드러낸 사람만이 가질 수 있는 특별한 선물임을, 글을 쓰는 내내 기억하기 바랍니다.

글을 쓸 때는 문을 닫을 것,
글을 고칠 때는 문을 열어둘 것

콘텐츠에 대한 고민은 아무리 해도 모자람이 없습니다. 특히, 글을 쓰기 시작할 때가 가장 어렵습니다. '오늘은 쉬고 싶다.' 또는 '오늘은 무얼 써야 할까'에 대한 고민과 압박감이 분명히 존재하기 때문입니다. 나는 이런 고민이 생길 때는 우선, 노트북을 펼칩니다. 그리고 어떤 단어든 그냥 씁니다. 혹은 메모해두었던 것들을 다시 옮겨보기도 하고, 책을 읽다가 밑줄 친 문구를 보고 영감을 받기도 합니다.

아무것도 나오지 않을 때는 '나는'이라고 우선 시작해보기도 합니다. 그러다 보면 어느 순간 모니터에 활자가 꽉 채워지고 있습니다. 내가 타자를 치고 있는 것인지, 활자가 스스로 나타나는 것인지 구분이 가지 않을 정도로 책을 쓰는 시간에 푹 빠져버립니다.

나는 글을 쓰고 난 후, 〈작가수업〉 카페에 완성된 글을 올립니다. 사실상의 초고이기에 다소 어색한 표현이나, 오탈자가 있지만, 나 자신과, 함께 글을 쓰는 작가들과의 약속을 지키기 위해 날 것 그대로 일단 올립니다. 글을 쓸 때는 가급적 스마트폰을 꺼두는 편입니다. 글에 집중하기 위한 방책입니다.

의식의 흐름대로 쓰기 위함입니다. '의식의 흐름'대로 쓴다는 느낌을, 글을 매일 쓰는 사람들은 분명히 알게 됩니다. 그리고 '의식의 흐름'은 낚시를 할 때의 느낌과 아주 비슷해서, 조용히 건드려지는 영감들을 기다리고 기다리며 순간적으로 낚아채야 합니다. 낚아챈 후에는 낚싯바늘에 걸린 물고기를 수면 위로 올리기 위해, 천천히, 집중해야 합니다. 중심을 잡고, 고요히, 그 흐름에 집중하며, 조금씩 끌어당겨야 합니다.

세계적인 베스트셀러 작가인 스티븐 킹(Stephen Edwin King)은 '글을 쓸 때는 문을 닫을 것, 글을 고칠 때는 문을 열어둘 것'이라고 말했습니다. 글을 쓰기 시작하면, 철저히 눈과 귀를 닫고, 생각을 차단해야 합니다.

글을 쓰기 위해 앉았을 때, 갑자기 울리는 전화, 누군가의 가시 돋친 문자, 일과 중 나를 지치게 했던 기억으로 인한 감정 밀려오게 되면 의식의 흐름대로의 글은 막혀버립니다. 누군가 내가 글을 쓰는 것을 보게 하지도 말아야 합니다. **오롯이 그 순간 집중하는 에**

너지에만 몰입해야 합니다.

글을 쓸 때 문을 닫아야 한다는 의미는 바로 이런 것입니다. '써야 해'라는 생각으로 아무리 들이 대봐야, 내가 할 수 있는 것은 머리를 써서 글을 짜내는 것뿐입니다. 그렇게 나오게 된 글은 모양새는 좋을 수 있으나, 독자의 마음을 움직이기에는 턱없이 부족한 기운을 지니게 됩니다.

반면, 글을 고칠 때는 문을 활짝 열어두어야 합니다. '글을 고친다'는 것은 초고를 모두 쓴 이후, 퇴고의 과정을 의미합니다. 퇴고는 쉽게 말해, 첨과 삭이 일어나는 과정을 말합니다. 첨은 더하기(+)를 뜻하며, 삭은 빼기(-)를 뜻합니다. 스스로의 글에 부가할 내용, 단어, 문장들을 기입하고, 삭제해야 할 내용, 단어, 문장들을 추려냅니다. 뿐만 아니라, 전체 흐름과 맥락에 벗어나는 문장이나 문단은 없는지 살펴봐야 합니다. 꼭지 하나의 흐름, 장 전체의 흐름, 원고 전체의 흐름을 모두 파악해야 합니다. 닫혔던 문이 열려야 전체적인 흐름 또한 보이는 법입니다.

이 모든 과정을 행하기 위해서는 글을 쓸 때와는 다른 시선이 필요합니다. 나는 퇴고할 때 반드시 '독자'의 시선을 가지라고 말합니다. 《노인과 바다》의 어니스트 헤밍웨이(Ernest Hemingway)는 "모든 초고는 걸레다."라고 말했습니다. 때문에 자신이 만들어 놓은 걸레를 직접 대면한다는 것은 심적으로 결코 쉬운 일이 아닙니다.

퇴고를 시작하면서 멘탈이 무너지는 초보 작가들이 많은 이유입니다. 원고를 퇴고하는 작업, 즉 글을 고치는 작업을 시작할 때는 1주일에서 열흘 정도 쉼을 가지고, 문을 조금씩 열어가야 합니다. **저자 자신이 아닌, 독자의 시선에서 글을 고칠 수 있을 때, 마음과 기술 모두가 완벽한 퇴고가 일어납니다.** 이것이 '문을 연다'라는 의미입니다. 걸레를 빨아가며, 온전한 글의 형태로 만드는 것, 그러기 위해서는 닫혀있던 문을 열고, 독자의 입장에서 글을 바라봐야 합니다.

《몰입》의 저자 황농문 교수는 "몰입은 개인의 천재성을 일깨워 주는 열쇠"라고 말했습니다. 문을 닫은 상태에서 글을 쓰며, 문을 열어놓은 상태에서 글을 고치는 행위 모두가 '몰입'입니다. 글을 쓰면서, 글을 고치면서, 어떤 상태이든 몰입할 수 있음을 꼭 경험해보길 바랍니다.

내 글이지만, 의식이 쓰는 글이며, 내 글이지만, 내 글이 아닌 것처럼 볼 수 있는 몰입, 그 경험을 통해 당신이 지니고 있던 천재성은 살아날 것입니다. 완벽한 초고와 퇴고를 통해, 당신의 천재성이 의식의 흐름을 타고 한 권의 책이 되는, 가슴 뛰는 그 순간을 기다립니다.

12

삶의 가치를 재정립하다

느낌에 대한 신뢰가 필요해

말하지 않아도 알 수 있는 느낌이 있습니다. 어떤 사람을 만나면 굳이 어떤 이야기를 나누지 않아도 마음이 편하고, 그저 좋은 기분이 가득 퍼집니다. 어떤 사람은 같이 있는 것만으로도 불편하고, 어색하고, 대화하면 할수록 마음이 힘들어지는 것이 느껴집니다. 하지만 대부분의 사람은, 자신이 느끼는 '느낌'보다는 눈에 보이는 것들로 그 상황을 판단하려는 경향이 앞서는 경우가 많습니다.

분명 좋은 느낌을 받고 있지만, 행색이 초라하고 외모가 못났다는 이유만으로 그 느낌을 부정합니다. 분명 좋지 않은 느낌을 받는 사람이지만, 돈이 많거나, 사회적 위치가 높다는 이유로, 외모가 출중하다는 이유로 느낌을 묻어버립니다.

자신의 느낌이 틀렸다고 단정하고, 보이는 자체를 '느낌'이라고 오판해버립니다. 작가는 자신의 느낌을 중시하며, 그 느낌대로 실행하고 글을 써야 하는 때가 많이 찾아옵니다. 그 때문에 나는, 당신에게 당신만의 느낌을 살려, 실행까지 이어갈 수 있는 좋은 방법을 알려주고자 합니다.

자신의 느낌을 믿지 않고, 보이는 것만을 좇는 이유는 단 하나, 자기 자신에 대한 신뢰가 없기 때문입니다. 정확히 말해, 자신의 느낌 대한 신뢰를 가져본 경험이 없기 때문입니다. 감정적 판단이 아닌 마음의 느낌을 앞세워 다가오게 된 결과를 보게 되면, 내가 말한 느낌에 대한 신뢰는 계속해서 쌓여가게 됩니다.

그것이 자신감(自信感)이 되고, 자존감(自尊感)이 됩니다. 이 과정을 통해 스스로(自)를 믿게(信) 되고, 존중하게(尊) 되면, 비로소 그 어떤 풍파에도 흔들리지 않는 중심(中心)을 가지게 됩니다. 중심을 가지게 되면, 글의 방향은 자연스레 흐트러지지 않으며, 삶의 방향 또한 올곧게 흘러가게 됩니다.

할까 말까,
갈까 말까

가운데 중(中)의 의미를 찾아보면, '가운데', '마음', '치우치지 아니하다'의 뜻을 가지고 있습니다. 가운데 자체가 마음이며, 마음은 그 어느 곳에도 치우치지 않아야 한다는 의미의 단어가 바로 가운데 중(中)입니다. 우리가 중심을 잡지 못하면 어떤 일들이 생겨날까요.

심각한 여러 가지 상황 중에서도 가장 심각한 상황은, '감정에 지배당하는 것'입니다. 나는 이것만큼 무섭고 안타까운 것이 없다고 생각합니다. 하지만 자세히 생각해보면 이것만큼 바보 같은 상황도 없습니다.

감정의 종류에는 기쁨과 슬픔, 분노 등이 있습니다. 그리고 두려움, 외로움, 자괴감 등의 기분도 감정에 속합니다. 게으름, 자만 또한 감정에 속합니다. 예를 들어 보겠습니다.

나는 인생의 길목에서 자주 찾아오는 고민, 무엇을 선택해야 할지 헷갈리거나, 조언이 필요할 때 사용하는 4가지 '공식'을 가지고 있습니다. 그리고 이 공식은 단 한 번도 틀리거나 잘못된 결과를 보여준 적이 없습니다. 먼저 2가지를 당신과 함께 살펴보려 합니다.

1. 할까 말까 할 때는 해라

2. 갈까 말까 할 때는 가라

왜 이런 공식이 존재하고 있을까요. 이에 대해 깊이 사색하고 탐구할 필요가 있습니다. 이 공식들은 내 인생을 바꿔주었고, 이 공식을 알려준 많은 사람이 자신의 인생을 바꿨습니다. 그렇다고 무턱대고 외우지 말고, 그 이유를 보다 깊이 들여다봐야 합니다. 무엇이든 '무조건 외워!'의 방식은 옳지 않기 때문입니다.

'할까 말까'를 망설였던 이유가 무엇이었나요. '갈까 말까'를 망설였던 이유가 무엇이었나요. 나 역시도 오늘 '글을 쓸까 말까'를 고민을 했습니다. 지금 글을 쓰고 있는 내장산 기슭에 올 때도, '갈까 말까'를 몇 번이나 고민했었습니다. 단지, 그 고민에서 벗어날 수 있었던 것은 '무엇이 나를 고민하게 하였는가'를 정확히 바라보았기 때문입니다.

살펴봅시다. '내 민낯이 누군가에게 보이게 된다'는 두려움, '다른 사람들이 나를 비판할 것에 대한' 두려움, '나 자신의 가치를 여전히 보지 못하는 데서 나오는' 두려움, '배우기 위해 돈과 시간을 사용하는 것에 대한' 두려움이 '할까 말까' 하고 망설이게 만듭니다.

그리고 '갈까 말까'의 고민 속에는, '새로운 공간에 대한' 두려움, '새로운 관계에 대한' 두려움, '돈과 시간을 사용하는 것에 대한' 두려움, '나 혼자서 있는 것에 대한' 두려움이 내제하여 있고, 이런 고민이 거듭될수록 '두려움'이라는 감정은 당신을 더욱더 거세게 짓누릅니다.

또는 '하기 싫다', '가기 싫다'라는 '게으름이 섞인' 두려움이 올라오기도 합니다.

어떤 사람은 '이미 저건 다 아는 건데 왜 굳이 해야 해', '가 봤자 별 볼 일 없을 거야' 하는 자만이 올라오기도 합니다. 하지만 그 자만조차도, 알지 못하는 것에 대해 마주치기 싫은 회피성 두려움입니다. 두려움은 당신의 '하자'의 도전 의식을 사정없이 꺾어버리고, '나는 아직 준비가 되어 있지 않아', '나는 책을 더 읽어야 해', '나는 아직 경험이 부족해', '나는 가난하니까', '나는 부족하니까' 등으로 단정 짓게 만듭니다.

이런 결정을 짓는 사람들을 볼 때면, 안타까운 마음이 듭니다. 스스로의 가치를 인지하지 못하고, 뒤로 후퇴하고 있는 사람들의 뒷걸음질을 볼 때면, 내가 더 열심히 글을 써야겠다는 다짐을 하게 됩니다. 더 많은 사람이, 나의 삶을 통해, 나의 글을 통해 더 행복해지길 바라는 것, 이것이 내가 글을 쓰는 이유이기 때문입니다.

감정으로 인한 생각은 생각이 아닙니다. 영감으로 떠올려진 생각을 우리는 '생각'이라고 불러야 합니다. **감정으로 인한 생각은 나를 가로막는 '쓰레기'일 뿐입니다.** 감정 자체가 나쁜 것이 아니라, 감정으로 인해 올라오는 생각이 나쁜 것입니다. 이렇게 구성되어 있는 인간의 구조상, 어쩔 수 없는 과정입니다만, 왜 내가 발걸음이 멈춰졌는지에 대해서는 솔직하게 글로 써서, 자신의 두려움을 직면하고 바라봐야 합니다. 이제는 4가지 공식 중 나머지 2가지에 대해 살펴봅시다.

살까 말까,
먹을까 말까

'할까 말까', '갈까 말까'의 공식이 '해라!'였다면, 다른 2가지 공식은 '하지 마라!'입니다. 나머지 2가지 공식은 다음과 같습니다.

3. 살까 말까 할 때는 사지 마라

4. 먹을까 말까 할 때는 먹지 마라

많은 사람이 쇼핑을 합니다. 그리고 음식점을 가거나, 집에서 요리를 시켜 먹습니다. 두 가지 행위 자체가 문제가 아니라, 위와 같은 고민이 들 때는, 반드시 자신의 기저(基底)에 질문해보길 바랍니다. 자신이 보지 못하고 있는 감정을 찾아내야 합니다.

만약 무엇인가 사려고 할 때, 그것이 꼭 필요한 것이라면, 당신은 '살까 말까'를 고민하지 않을 것입니다. 집에 휴지가 떨어졌는데, '살까 말까'를 고민하지는 않습니다. 다만 '어떤 브랜드, 어떤 종류, 어떤 가격대를 살까'를 고민합니다. '먹을까 말까' 할 때도 마찬가지입니다. 배가 고프면 본능적으로 먹을 것을 사러 가거나, 요리를 시켜 먹거나, 요리를 직접 해서 먹습니다. 단지 '뭘 먹을까?'를 고민하게 됩니다.

당신이 '살까 말까', '먹을까 말까'를 고민하는 기저에는 허(虛)함이 있기 때문입니다. 마음에서 채워지지 않는 공허함과 허전함을 달래기 위해, 인간은 무언가를 소유하고, 배 속에 채워 넣는 것으로 그 감정을 달래려 합니다.

마음의 허함으로 인해 쇼핑 중독이나 스트레스성 폭식까지 이르기도 합니다. 그 정도가 심해지면 도박, 섹스, 술, 담배 등의 중독에 이르게 되기도 합니다.

벗어날 수 있는 방법을 찾아봅시다. 문제가 있으면, 원인이 있고, 원인을 알면 반드시 해결할 수 있습니다. '살까 말까', '먹을까 말까'라는 욕구가 들어오면, 당신의 상태가 '허'하다는 것을 먼저 인지하세요. 인지하는 것만으로도 그 행위를 멈출 수 있게 됩니다. 그리고나서, 무엇이 당신을 '허'하게 했는지 살펴보기 바랍니다.

분명히 내가 원하는 계획대로 이뤄졌는데도 허전할 때가 있습니다. 또는 누군가에게 상처를 받았거나, 외로움을 느낄 때 공허함이 느껴지기도 합니다. 그렇게 느껴진 허전함과 공허함은 무언가를 사고, 먹는다고 해서 절대 채워지지 않음을, 당신 스스로도 이미 알고 있을 것입니다.

나 또한 그랬습니다. 실패와 고난의 역경을 이겨내고, 어느새 내가 원하는 인생을 이루었다고 생각하는 순간, 매일 밤 무언가를 먹지 않으면 그 허전함을 채울 길이 없었습니다. 점점 야식과 술, 담배에 찌들어갔고, 몸 건강은 물론 정신적인 건강도 나빠져 갔습니다. 처음에는 그것이 공허함이고 허전함인지 인식조차 하지 못했습니다. 이제까지 힘들게 살았으니, 이 정도는 누려도 된다며 자신을 속이고 있었습니다.

점점 글쓰기는 멀어졌고, 아무것도 하기 싫은 상태가 되어버렸습니다. 오로지 할 수 있는 건 하나, 필요도 없는 것을 사거나, 배가 터질 때까지 먹고, 만취될 때까지 취하는 것이었습니다. 더는 이렇게 살면 안 되겠다고 생각하며, 다시 시작한 책 쓰기 이후 내가 찾은 해답은 이러합니다.

차라리 좋은 습관의 노예가 되겠다

"그 무엇도 나의 허전함을 채워줄 수는 없다."

먼저 이 부분을 인정해야 합니다. 그렇지 않다면 쇼핑과 먹을 것뿐만 아니라, 사람을 넘어 휴머니즘적 상태에 집착하게 될 수도 있습니다. 집착은 자신을 잃어버리게 하고, 아집을 만들 뿐입니다. 스스로 온전해지려고 노력할 때, 모든 것에 대한 바람이 없어질 때 비로소 생각지도 못한 것들이 채워지고, 허전함은 저절로 사라지게 마련입니다.

나는 글을 쓰면서, 나의 '허(虛)'를 걷어내고, 본질을 회복했습니다. 글을 쓰면서 스스로 솔직하지 않았음을 인정하게 되었고, 나 자신이 병들어 있음을 알게 되었습니다. 애정이라 생각했던 것이 집착임을 알게 되었고, 놓았다고 생각했던 바닥에는 아집이 남아있음을 알게 되었습니다. 만약 내가 글쓰기를 멈춘다면, 그 허전함은 다시 나를 공격할 수 있음도 알게 되었습니다.

그래서 나는 매일 나 자신을 만나는 글을 씁니다. 술과 담배, 음식과 쇼핑 중독의 습관은 '하지 마라'라고 명령하지 않아도 자연스레 사라졌습니다. 만약 누군가 이것조차 집착이라고 말한다면, 나는 나쁜 습관의 노예가 되느니, 좋은 습관의 노예가 되겠습니다.

글을 쓰는 행위 자체를, 단순히 허전함을 치유해주는 것으로 말하기에는 그 가치가 너무도 위대합니다. 글은 나 자신의 민낯을 들여다보게 합니다. 쓰면 쓸수록 더 깊게 들여다보게 합니다. 때론 마주 본 나의 과거가 너무나 부끄러워서 도망치고도 싶을 때고 있었지만, **그럴 때마다 나의 글은 내게 '부끄러워하지 말라'고 말해주었습니다.**

누구나 잘못과 실수를 할 수 있지만, 아무나 자신의 잘못과 실수를 똑바로 바라보지 못함을, 내가 쓴 글이 말해주었습니다. '너는 누구보다 용기 있는 사람'이라고 말해주었습니다.

글을 쓴 이후, 매일 감사함이 넘쳐납니다. '할까 말까', '갈까 말까'를 고민할 때 따라오는 돈과 시간에 대한 두려움, 자만과 게으름을 넘어서게 해주었기 때문입니다. 그리고 그것을 넘어섰을 때,

눈 앞에 펼쳐지는 놀라운 결과는, 이제까지 익혀온 인생의 기술이 전부가 아님을 알게 하고, 성공과 행복의 새로운 경험과 앎을 선사하게 해주었습니다. 그것이 내 인생을 자유롭게 만들었고, 매일 조금씩 더 나은 나로 성장할 수 있게 해주었습니다.

나는 나쁜 습관의 노예가 되느니,

좋은 습관의 노예가 되겠습니다.

글로,
새로운 나와 세상을
만나다

우리는 자신의 경험에 돈과 시간을 사용하는 것과, '살까 말까', '먹을까 말까'를 고민하면서 제품(음식)에 돈과 시간을 사용하는 것은 완전히 다름을 알게 되었습니다. 만약 여전히 이전의 습관대로 살아간다면, 우리는 우리의 인생을 이전의 습관과 한계에 가둔 채 방치하게 될 것입니다.

나는 이 글을 쓰면서 내가 경험한 것들을 가감없이, 솔직하게 이 책을 통해서 당신에게 알려주고 있습니다. 그리고 당신만큼은 나와 같이 무의미한 고통과 실수를 반복하지 말고, 당신이 가야 할 그 길을 온전히 가길 바랍니다. 그 어떤 두려움도 당신을 이길 수 없습니다. 그 어떤 게으름도 당신을 주저앉게 만들지 못합니다. 그 어떤 자만도 당신의 영혼을 빼앗아가지 못합니다. 당신 앞에 놓인 선택의 갈림길에서, 눈에 보이는 달콤함과 쉽고 빠른 길이 아닌, 당신의 깊숙한 곳에서 울리는 마음의 느낌대로 걸어가야 할 때입니다.

돈과 명예, 사람의 인정은 생각보다 쉽게 얻을 수 있습니다. 하지만 쉽게 얻은 만큼, 쉽게 당신을 두렵게 만들고, 쉽게 허전하게 만들 것입니다. 두려움, 게으름, 자만, 허전함 등의 감정이 당신을 아무리 공격해도 흔들리지 않는 중심을 바로 세우고, 그것이 집착이나 아집이 아닌 진정한 내려놓음과 포용이 될 때, 돈과 명예, 사람은 당신이 애를 쓰지 않아도 알아서 찾아오게 됩니다.

여전히 '할까 말까'를 고민하고 있다면, 글을 통해 당신을 직면해야 합니다. 당신은 오로지 당신의 중심을 잡아줄 단 하나의 행위, **'나 자신을 온전히 만나는 책을 쓰는 행위'**에 집중하기만 하면 됩니다. 그로 인해, 당신이 이제까지 볼 수 없었던 새로운 세상을 만나게 되기를, 진심을 담은 글로 온전한 내 마음을 전달합니다.

13

책으로
인생을 바꾸다

성공의 불편한 진실

얼마 전 딸아이와 휴가를 다녀왔습니다. 자주 보지 못하는 못난 아빠이지만, 그녀의 귀한 시간을 감사히 내어주었기에, 1주일의 시간을 함께 행복하게 보냈습니다. 휴가 일정이 다 끝나갈 무렵, 딸과 함께 길을 걸으며, 이런저런 이야기를 나눌 시간을 가졌습니다. 길을 걷다 문득, 그녀가 내게 이런 말을 합니다.

"나는 아빠가 참 자랑스러워."

세상 어느 아빠가 자식이 해주는 이런 말에 으쓱하지 않을 수 있을까요. 쑥스러운 마음에 멋쩍게 웃으며 실없는 말을 꺼내었습니다. "역시 아빠가 돈도 많이 벌고, 유명해지니까 자랑스럽지? 하하. 앞으로는 진짜 부자 되고, 유명해지도록 노력할게." 이 말을 들은 그녀는 갑자기 가던 발걸음을 멈추고 나를 빤히 바라보았습니다. 그리고는 입을 열었습니다.

"나는 아빠가 술하고 담배를 끊어서 자랑스럽다고 한 건데? 아빠가 책을 쓰고, 사업을 하고, 돈을 버는 건 아빠가 좋아서 하는 일이잖아. 그런데 술하고 담배는 정말 끊기 힘든 거잖아. 그럼에도 불구하고, 아빠는 해냈어. 휴가 동안 아빠를 쭉 지켜봤고, 아빠 스스로 한 약속을 지키는 걸 봤어. 나는 그게 정말 자랑스러워."

얼굴이 화끈거렸습니다. 아이의 눈에 아빠가 자랑스러운 기준은, 내가 자신을 자랑스럽게 생각하는 기준과는 달랐습니다. 딸에게 나는, 돈을 많이 벌어야 자랑스럽고, 유명해져야 자랑스러운 대상이 아니었습니다. 그저 딸에게는 아빠가 '건강했으면 좋겠다'는 생각이 가장 앞서 있었습니다. 항상 아빠의 건강을 위해 걱정했던 술과 담배를, 아빠 스스로 끊어버린 것을 보고는, 그 자체가 너무나 좋았던 것입니다.

성공이라는 것이 그렇습니다. 아직 자신이 성공하지 못했다고 생각하는 사람들의 기준에서는 '비싼 집, 비싼 차를 사야 성공한 거야.'라고 할 수 있지만, 이제는 대중들이 보는 성공의 기준에서 표면적으로 '보이는 것'들이 절대적 기준이 되는 시대는 이미 지나가고 있음이 느껴집니다.

특히 책의 트렌드를 살펴보면, 더더욱 그런 현상이 눈에 띄게 보입니다. 유명한 사람이라고 해서, 무조건 책이 잘 팔리지 않습니다. 얼굴을 모르는 무명의 작가라도, 책의 내용이 진실성이 있고, 정보성의 가치가 있다면 그 책은 시간이 걸리더라도, 반드시 베스트셀러가 될 수 있습니다. 당신은 이제, 어떤 성공의 기준을 택해야 할까요.

나는 사람들에게 "빨리 돈을 벌려고 하면, 돈을 벌지 못하고, 빨리 살을 빼려고 하면, 살을 빼지 못한다."는 말을 전하곤 합니다. 《생각의 비밀》, 《돈의 속성》 등의 저자이자 '스노우폭스'의 CEO, 김승호 회장 또한, "빨리 부자가 되려면, 빨리 부자가 되려 하면 안 된다."라고 말합니다. 이 말들의 속뜻에는, '조급함은 집착을 만들고, 집착은 패망을 만든다'는 의미가 들어있습니다.

빨리 돈을 벌고 싶은 마음에, 빨리 유명해지고 싶은 마음에 책 쓰기에 돌입한다면, 그 책은 절대 원하는 결과를 가져다주지 못합니다. 딸의 의중을 제대로 파악하지 못한 아빠의 실없는 말처럼, **성공의 기준이 '보이는 것'에 집중되어 있다면, 결국 그 성공은 당신에게 머물지 않게 됩니다.**

사회 안팎으로 성공하는 몇몇 사람들을 만나보면, 보이는 것을 넘어 보이지 않는 중심, 감정에 흐트러지지 않는 여유로움을 지니고 있음을 느낄 수 있습니다. 중심을 잃는 순간, 조급함이 되고, 조급함은 올바른 판단 능력을 잃어버리게 함을 그들은, 알고 있기 때문입니다.

'돈이 많으니까 여유로울 수 있지'라고 생각한다면 그건 큰 오산입니다. 여유는 시간적, 경제적 여유를 넘어 마음의 여유를 이야기하는 것이기 때문입니다. 아무리 시간이 많아도, 아무리 돈이 많아도 마음의 여유를 갖지 못하는 사람은 절대, 자신을 '성공'했다고 여기지 못하지 못할 뿐만 아니라, 결국은 가진 모든 것을 잃게 되는 것을 수없이 보아왔습니다.

책 쓰기로 인생을 바꾸는 사람들

내가 운영하는 '(주)책인사'는 '책 쓰기로 인생을 바꾸는 사람들'의 줄임말입니다. 나는 이 회사를 설립할 때, 스스로와 약속한 것이 하나 있었습니다. '사람들이 단순히 책을 쓰고, 책을 만드는 행위에서 벗어나서, 글을 쓰는 과정에서 자신의 인생이 변화되도록 도와주자.' 그렇게, 자신의 인생을 절박하게 바꾸고 싶은 사람들이 찾아올 수 있는 진실한 공간이 되길 바라는 마음으로 '책인사'를 만들었습니다.

하루에도 수많은 사람들을 만납니다. 겉치레에 불과한 이야기를 나누는 것이 아닌, 그 누구에게도 하지 못한 이야기를 나누며 매일 새로운 사람들과 대화를 나눕니다.

'꼭 변화를 해야 합니다.'라고 말하지만 행동은 옮기지 않는 사람들, '나는 이대로 충분합니다.'라고 말하지만 여전히 불안한 마음을 감추지 못하고 있는 사람들, 무엇이 원인인지도 모른 채 그저 달려만 가고 있는 사람들을 보고 있을 때면, 정말 많은 생각들이 지나갑니다.

나는 누구보다 인생을 바꾸고 싶었습니다. 내가 부족하다고 여겼고, 내 인생은 아무리 노력해도 나아지는 것이 없다고 느꼈었습니다. 그 과정에서 만난 것이 바로 '책'이었습니다. 하지만 여전히 나 자신을 탓하고, 가치를 절하했던 '나'로서는 도저히 '책'이라는 커다란 장벽을 넘을 자신이 없었습니다.

더욱더 부끄러운 것은, 그때의 나에게 책은 '나를 더욱 인정받게 해주는 도구', '나에게 부와 명예를 가져다줄 도구' 정도였다는 점이었습니다. 나를 직면하지 못하고 만난 책은, 또 다른 비교 대상이었고, 독이었고, 또 다른 갑옷이었습니다.

상담을 하다 보면, 대부분의 사람들이 참았던 눈물을 토해냅니다. 그만큼 많은 사람이, 겉으로는 드러내지 않지만 아픔을 안고, 상처를 품고, 분노를 참고 있음이 느껴집니다. 무엇보다 요즘같이 어려운 시기에 가장 힘든 것이 무엇이냐 물으면, 1순위가 '돈'이라고 말합니다.

그로 인해 사람들과의 관계 또한 흐트러집니다. 서로 마음의 여유가 없으니, 도움을 주는 것이 어떤 것인지도 모르게 됩니다. '잘 사느냐', '못 사느냐'의 기준은 '돈'의 척도가 된 지 오래고, 예쁜 외모와 명품 하나쯤은 당연히 가지고 있어야 하는 필수품이 되었습니다.

나는 이것을 탓하거나, 잘못되었다고 말하지 않습니다. 다만 행복의 기준과 성공의 기준이 돈과 사람의 표면적 인정으로만 설정되어 있다면, 그 삶은 분명 불행할 수 밖에 없음을 알려주고 싶습니다.

남이 얼마나 가졌는지, 남이 무엇을 하는지가 아닌 자신의 성공과 행복의 기준이 정확히 설정되어야 합니다. 하지만 당신을 비롯한 대부분의 사람은 진정으로 원하는 것이 무엇인지조차 제대로 파악하지 못하고 삽니다. 혹은, 알고 있다고 착각하고 있습니다.

나는 여러 차례, 자신을 온전히 대면하고 직면할 수 있는 최고의 그리고 유일한 방법은 '책을 쓰는 것'이라고 말했습니다. 하늘을 우러러 부끄러움이 없이, 의도 없이 솔직하게 쏟아낸 글들이 책이 되어 많은 사람에게 전달될 때, 비로소 살아온 인생의 가치가 바로 세워짐은 물론, 자신의 행복과 성공의 기준이 올바로 세워지게 됨을, 나는 수많은 사람들을 통해 보아왔고, 경험했습니다. 그런 중심을 가진 사람이야 말로, 그 누구의 말에도, 그 무엇의 기준에도 흔들리지 않고, 자신만의 길을 걸어갈 수 있게 됩니다.

누구보다 나라는 사람을 몰랐던 나

글로 내 이야기를 쓰기 전까지 나의 '가난'은 나의 수치였고, 숨겨야 할 대상이었습니다. 글로 내 솔직한 마음을 쓰기 전까지는 여전히 '잘난 척'과 '있어 보이는 척'의 갑옷을 입고 있는 한 사람이었습니다.

자신의 인생을 부끄러워했고, 자신의 마음에 무거운 갑옷을 얹어 놓았었습니다. '나는 나를 사랑한다'라고 하면서 진정 사랑하는 것이 무엇인지도 몰랐던 사람이었습니다. 글을 쓰면서 비로소 알게 되었습니다.

'나는 누구보다 나라는 사람을 몰랐구나'

나를 믿지 못하면, 남을 믿지 못한다고 합니다. 나를 존중하는 만큼, 남을 존중할 수 있다고 합니다. 그런 '척'해왔던 내 과거의 삶은, 눈앞에 써 가는 글로 인해 완전히 깨어져 갔습니다. 숨기려 했던 내 과거의 삶은, 나의 글로 인해 새로운 가치를 부여받았습니다.

"사람을 존경하라, 그러면 그는 더 많은 일을 해낼 것이다."

_제임스 오웰 James Howell

글을 쓰는 지금 이 순간에도, 순간순간 자만과 게으름, 두려움들이 올라옵니다. 오랫동안 나쁜 습관에 사로잡혀 있던 나의 삶을 완전히 버리기는 이토록 힘이 듭니다. 하지만, 나는 이제 걱정하지 않습니다. 왜냐하면, 나는 매일 글을 쓰기 때문입니다.

내 글은, 나조차도 몰랐던 나 자신을 보다 깊이 알게 해줍니다. 그 깊은 곳에는 생각지도 못했던 엄청난 보물이 숨겨져 있음을, 글을 쓰면 쓸수록 발견하게 됩니다. 제임스 오웰의 말처럼, 나의 글은, 나라는 사람을 스스로 존경하고, 존중하게 합니다. 그로 인해 나 외의 사람들도 진심을 다해 존경하고 존중하게 합니다. 무엇보다 나는, 글을 쓴 이후 더 많은 일을 충분히 해내고 있습니다.

많은 사람들이, 책을 출간하면서 얻은 최고의 소득이 무엇이냐고 묻습니다.

나는 단지 글을 썼을 뿐인데, 참 나를 만날 수 있었습니다. 나를 통해 풀리지 않았던 문제의 실마리를 찾게 되었습니다. 무엇이 원인이었는지, 남이 아닌 나에게서 그 문제의 원인을 발견하고, 해결하게 되었습니다.

그 해답은 깨달음이 되어, 하나하나 기록되고, 쌓여갔습니다. 쌓여가는 나의 깨달음의 기록은 한 권의 책이 되어, 많은 독자에게 최고의, 최선의 노하우와 해답을 선사했음을 듣게 되었습니다. 무엇보다 나는 그 과정에서, 나를 비롯한 사람들의 인생을 행복하게 만들 수 있는, 가장 중요한 사실을 알게 되었습니다.

나에게 집중하고, 나를 위해 했던 모든 일이, 누군가에게 힘이 되고, 위로가 되며, 해답이 되고, 사랑이 되는 것을 경험하였습니다. 애써 하려 하지 않아도, 하게 된다는 것을 알게 되었습니다. 굳이 보려 하지 않아도, 보게 되었습니다. 주려 하지 않아도, 주게 됨을 경험하였습니다.

나는 이렇게 인생을 바꾸었습니다. 처절했고, 불행했고, 도무지 길이 열리지 않을 것만 같았던 내 삶이 180도 바뀌었습니다. 그렇게 나는 '책 쓰기로 인생을 바꾸는 사람'이 되었습니다. 나는 앞으로도 그런 사람으로 살 것입니다. 항상 노력할 것입니다. 그리고 그 노력의 중심에는 글쓰기가 존재할 것입니다. 그 글을 책으로 드러내고, 설명하고, 표현하여, 내가 느끼는 행복을 당신과 함께 누릴 것입니다.

빠져나오고 싶다면, 선택하세요

나는 이렇게 글을 써 왔고, 가르쳐왔습니다. 그렇게 나의 책이 완성되었고, 인생을 바꾸고자 하는 사람들의 책을 만들어왔습니다. 나는 이 단계를 거쳐 새롭게 태어났고, 수많은 사람이 다시 태어나는 것을 직접 목격했었습니다.

얼마나 아름답고, 위대한 과정인지 모릅니다. 이 과정을 통해, 자신의 가치를 발견하고, 재생산하며, 확신을 갖게 되었습니다. 때로는 잔인할 정도로 진실한 자신의 모습을 직면하였지만, 솔직하게 살아갈 수밖에 없는 자유로운 삶을 얻게 되었습니다. 자기기만과 거짓됨에서 탈피하여 살아가는 것이 진정한 자유임을 독자들에게 전달할 수 있는 확신 또한 가지게 되었습니다.

아직도 책을 쓰는 것이 두려운가요. 아직도 책을 쓰기가 망설여지는지요. 솔직해져 봅시다. 책을 쓰기가 두려운 것인지, 나를 보는 것이 두려운 것인지. 책을 쓰기가 망설여지는 것인지, 나를 드러내는 것이 망설여지는 것인지. **진실로 변화를 원한다면, 그만큼의 각오는 해야 합니다.**

자신의 삶에 책임지지 않는 사람이 좋은 글을 쓰고, 좋은 책을 낼 수는 없습니다. 행여 잠깐, 독자의 눈을 속일 수 있을지라도, 결국 자신을 패망하게 하는 길이 됩니다. 자신의 가치를 믿으시길 바랍니다. 이제까지 당신이 어떻게 살아왔는지는 당신 스스로가 글을 통해 고백하고, 책임지면 됩니다. 그것이 두렵다면, 그대로 살면 됩니다. 여전히 헛걸음 속에서 돌아가는 현실에서 머무르면 됩니다.

이제, 정말 빠져나오고 싶다면 선택하세요. 그리고 진실한 마음으로 실행하세요. 자유는 그렇게 쟁취하는 것입니다. 그렇게 만나게 되는 온전한 자유 속에서 진정한 사랑과 행복, 성공이 만들어지는 법입니다. 내가 해줄 수 있는 이야기는 여기까지입니다.

그리고 나 또한 매일 이 전쟁 속에서 살고 있음을 글을 통해 고백합니다. 그렇게 나의 주파수를 오늘도, 꺼뜨리지 않고 켜놓는 법을 배우고 있습니다. 오로지 하루 1시간이라는 짧다면 짧은 이 시간, 글을 쓰면서 올라가는 계단을 통해서 삶이 알려주는 위대한 가치 하나를, 매일 배우고 있습니다. **이것이 힘겨운 삶에서도, 내일을 기다릴 수 있는 이유입니다.**

아직도 책을 쓰는 것이 두려운가요. 아직도 책을 쓰기가 망설여지는지요. 솔직해져 봅시다. 책을 쓰기가 두려운 것인지, 나를 보는 것이 두려운 것인지. 책을 쓰기가 망설여지는 것인지, 나를 드러내는 것이 망설여지는 것인지. 진실로 변화를 원한다면, 그만큼의 각오는 해야 합니다.

맺음말

책, 읽지 말고 쓰세요

내가 매일 글을 쓰자고 말하는 궁극적 이유는, 단순히 책을 출간하자는 이유를 넘어있습니다. 매일 글을 쓰면, 책이라는 매개체를 통해 사람들에게 전달되는 것은 기본입니다. 만약 당신이, 매일 나와 함께, 단 하루도 빠짐없이 글을 쓸 수만 있다면, 자신과의 약속을 지켜내었다는 자존감과 스스로에 대한 확신을 지니게 됩니다. 그 확신은 누구도 침범하지 못할 단단한 근기(根氣)를 만들어 줍니다. 그렇게, 세상의 어떤 풍파에도 이겨낼 수 있는 당신만의 여유로움을 가지게 됩니다.

나는 그것을 **중심(中心)**이라고 부르며, 그 중심은 당신이 성공할 수 있는 선천적인 힘을 발휘시킵니다. 우리가 보고 있는 성공의 잣대는, 이렇게 보이지 않는 중심이 바로 잡히면서 자연스럽게 따라붙는 것들임에도, 여전히 많은 사람이 가장 중요한 것을 보지 못하고 돈과 명예에 사로잡혀 있습니다.

이런 시기야말로, 당신이 움직여야 하는 때이며 기회입니다. 척박한 환경일수록, 당신은 가장 높이, 가장 멀리 나아갈 수 있습니다. 달려가다 보면, 때론 뒤로 넘어질 때도 분명히 있습니다. 하지만 그럴 때일수록 매일 글쓰기를 멈추지 말고, 다시 일어서서 나가세요. 어느 날, 어느 순간, 문득 뒤를 돌아보면, 꽤 많은 거리를 달려온 자신을 발견하게 될 것입니다. 한 번씩 뒤로 넘어진다 해도, 당신이 앞으로 달려간 걸음 수 보다 뒤로 가는 일은 없기 때문입니다.

만약 당신이, 내가 말한 대로 제대로 된 기준과 시선을 가지고 책 쓰기를 시작한다면, 당신은 이전보다 훨씬 더 풍요로운 삶을 살게 될 것입니다. 훨씬 더 많은 사람에게 존경받는 삶을 살게 될 것입니다. 확신합니다.

꼭 부탁합니다. 빨리 돈을 벌고 싶은 마음에, 빨리 유명해지고 싶은 마음에 책을 쓰려고 하지 마세요. 굳이 그런 마음을 갖지 않아도, 당신의 글이 당신의 중심이 되어, 여유로움을 가진 당신에게, 모든 **부(富)**가 자연스레 따라붙게 될 것입니다. 이것이 내가 사람들에게 책을 쓰라고 말하는 궁극적 이유입니다.

책, 읽지 말고 쓰세요. 당신이 그토록 찾던 해답은 사실, 당신

안에 있습니다. 이 책을 덮는 순간, 당신의 글이 시작됩니다. 당신의 책이 완성됩니다. 당신의 여정을, 진심으로 응원하겠습니다.

마지막으로, 이 책의 초고와 퇴고가 완성되기까지 함께 걸어준 책인사[작가수업] 식구들과 사랑하는 작가님들, 존경하는 할아버지, 보고싶은 할머니, 사랑하는 부모님, 세상에서 가장 훌륭한 친구이자 사랑스런 딸 도건이, 그리고 이 책을 함께 읽고, 작가가 되어 준 용기있는 당신에게 이 책을 바칩니다. 감사합니다.